骨格リセットで一生太らない体をつくる

ぜったい変わる3週間レシピ

骨格矯正
ピラティストレーナー
miey

宝島社

・ PROLOGUE ・

必要なのはバランスです！

ぺたんこお腹にスラッとした脚、そして、丸くプリッと上がったお尻……。

出産後に9キロも太ってしまった私は、そんな理想のボディラインを手に入れようとダイエットを開始。必死にジョギングなどの有酸素運動やハードなトレーニングを続けました。

すると、上半身はガリガリ、脚はムキムキに……。これではダメだと、筋肉や骨格の仕組みを学ぶ必要性を感じ、その知識を基にトレーニングしたところ、ボディラインがみるみるスリムになったのです。

３週間でやせるプログラムとは？

この「ぜったい変わる３週間レシピ」は、これまでお伝えしてきた骨盤・背骨調整トレーニングをベースに、１日１パーツのトレーニングを行い、１週間で全身をくまなく整えていきます。その１週間プログラムを３回繰り返し、３週間でしっかり結果を出せる、というのが最大の特徴です。

トレーニングはまず体を支える筋肉を鍛えるため、お腹まわりから始めます。続いて背中、お尻、脚、再度お腹まわりと背中、最後に立ち姿勢という順番で全身を整えていきます。

３週間という期間にしたのは、やはり短期間で結果が出たほうが、モチベーションを保ちやすいからです。また、誰でも続けやすいよう、一般的な筋トレやジョギングなどの運動に比べて、短時間で楽に効果を得られる動きになるよう意識しました。

CONTENTS

その基本となったのは、**筋肉のクセを正して骨を正しい位置に戻す〝骨格リセット〟**。負荷がかかり張っている筋肉をほぐしてゆるめ、逆に使えていない筋肉を鍛えて、バランスを整えます。骨格のアンバランスこそが、ボディラインの崩れにつながるのです。

私のメソッドは、あまり難しい動きがないので、運動が苦手な人でもトライできます。本書では、3週間でしっかりと結果が出るプログラムを考えました。今すぐスタートして、理想のボディラインを手に入れてください！

これまでSNSなどで
紹介してきたトレーニング法を基に
考案したこのプログラム。
たった3週間で効果を出すための
工夫が満載です！

なので、それほどキツくなくても、トレーニングをきっちり行えば、しなやかで女性らしいボディラインになっていきます。さらに、筋肉の働きが改善することで、肩こりや腰の張り、不眠など様々な不調もスッキリ！

覚えておいてほしいのは、脚をスラリとさせるには、脚だけをただ鍛えてもダメだということ。そのため、トレーニングの前にしっかり歪みをリセットし、筋肉をほぐして整えるための「骨格リセット」を行います。

この骨格リセットはストレッチが中心で、やるとすぐに変化がわかるため、続けようというモチベーションになるはず。さあ、すぐにページをめくって、理想のボディラインづくりを始めましょう！

COLUMN 01

トレーニングの準備

トレーニングを始める前に、トレーニングで使うグッズを用意しておきましょう。より効果が得られるほか、トレーニングがしやすくなるという利点があります。

この本で使用しているトレーニンググッズ

今回はヨガマット（写真左上）と、フィットネスボール（ダイソー・20～25cm／写真右上）、ゴムボール（写真右下）と、ゴム製のエクササイズバンド（写真中央）を使用しました。いずれもスポーツ用品店やオンラインショップで入手できるものです。

お家にあるもので代用できる！

エクササイズバンドはタオルや手ぬぐい、ゴムボールはゴルフボールで代用可能です。フィットネスボールは、バスタオルをしっかり巻いて輪ゴムで留めて、直径15cm程度の円柱状にしたもので代用してください。

動きを助けて効果をさらに高めるためのグッズたち

これからご紹介するウォーミングアップとトレーニングでは、効果をより高めたり、体の動きを助けたりするために、いくつかのグッズを使用しています。専用のグッズがなくても代用品を使えば問題ありませんが、モチベーションを上げるために、思い切って購入するのもオススメです！

Chapter 01

トレーニング前の基礎知識

Basic knowledge

トレーニングの前に、そのメソッドの基本となる骨と筋肉の仕組みについて
簡単に解説します。ボディラインを整えるためだけでなく、
長期的な健康のためにも、ぜひその仕組みや動きを知っておきましょう。

筋肉をきちんと動かせば 骨を正しい位置に戻せる

骨の歪みは、先天性やケガ由来の歪みを除けば、筋肉が過剰に使われる部位と、弱体化している部位のアンバランスさが原因で起こります。そのためまずは、骨と筋肉の正しい位置や仕組みを知っておきましょう。

理想のボディラインを作る筋肉と骨格について知りたいと、解剖学を学んだときにわかったのは、体が全部つながっているということでした。人の体は土台となる骨、骨をつなぐ関節、骨と関節を動かす筋肉で構成されています。そして骨は約２０６個、関節は約２６０個、筋肉は約６５０あります。

筋肉と骨もつながっているので、筋肉だけをトレーニングしても、土台の骨が歪んでいたり不安定だったりすると、筋肉をうまく鍛えられません。それでは、理想のボディラインに近づけないばかりか、体を痛めてしまう可能性もあります。

また、安定性が必要な関節、可動性が必要な関節を理解すると、伸ばすべき筋肉、働かせるべき筋肉がわかるようになります。骨と関節、筋肉のことを理解し、歪みを整えてほぐしてから、トレーニングに臨みましょう！

知っておきたい骨格図

可動性が必要な関節が動いていないと、安定性が必要な関節が過剰に動いてしまいます。本書では、可動性が必要な関節に可動性を作るアプローチ、安定性が必要な関節に安定性を作るためのアプローチをしています。

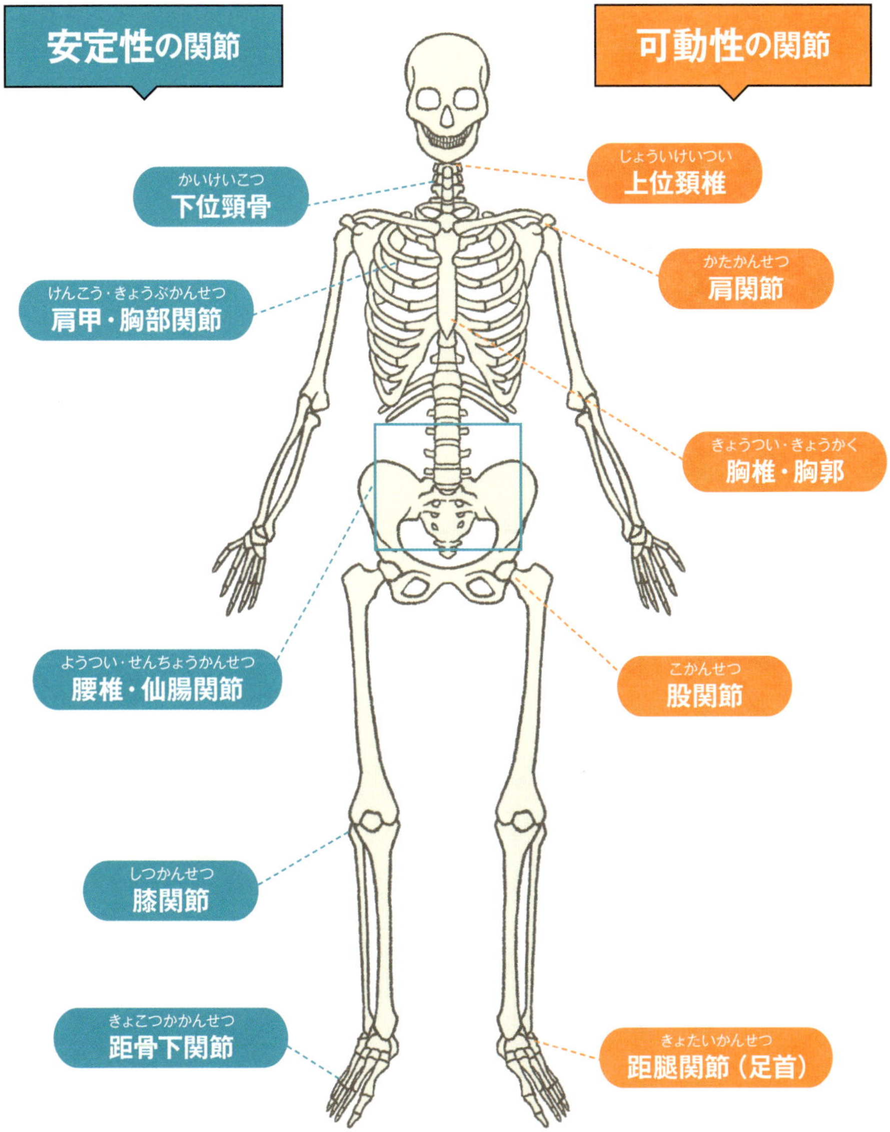

知っておきたい筋肉MAP

FRONT

トレーニングは、筋肉の動きも意識しながら行うと、より効果が高まり、ケガの予防にもなります。そのためにも、筋肉の形や位置を把握しておきましょう。

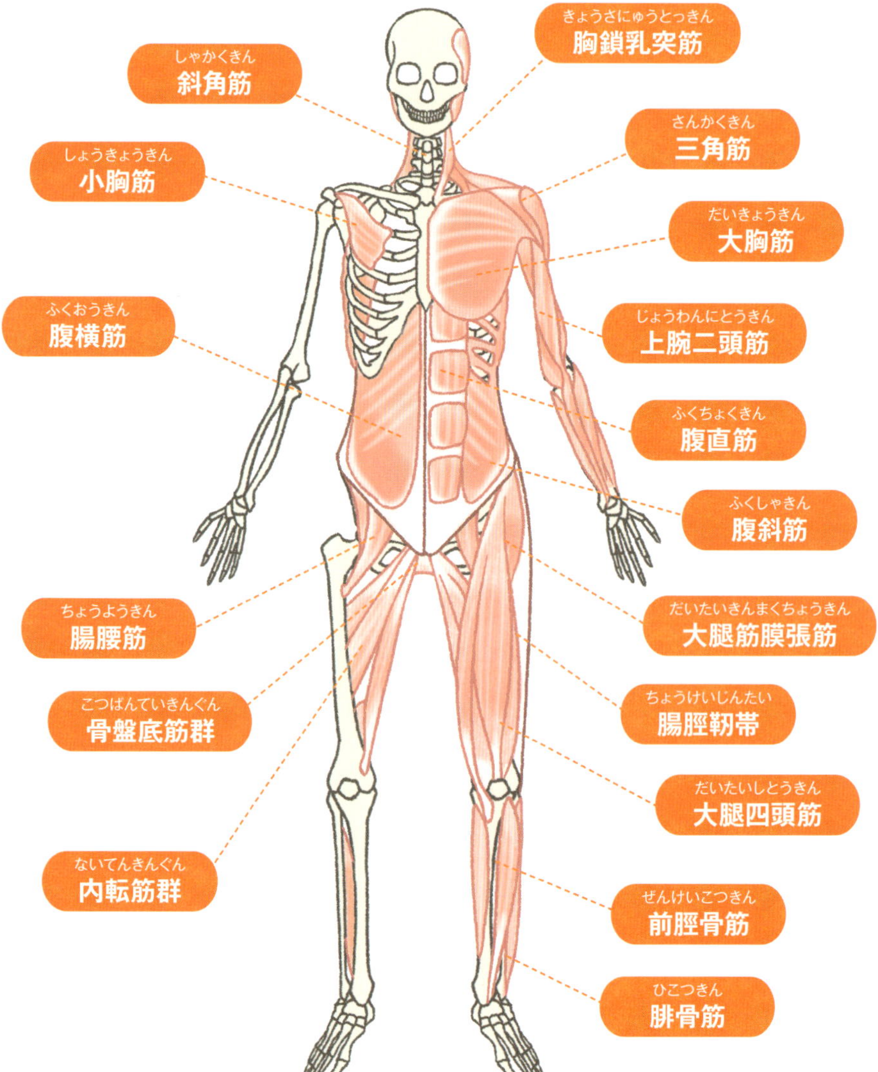

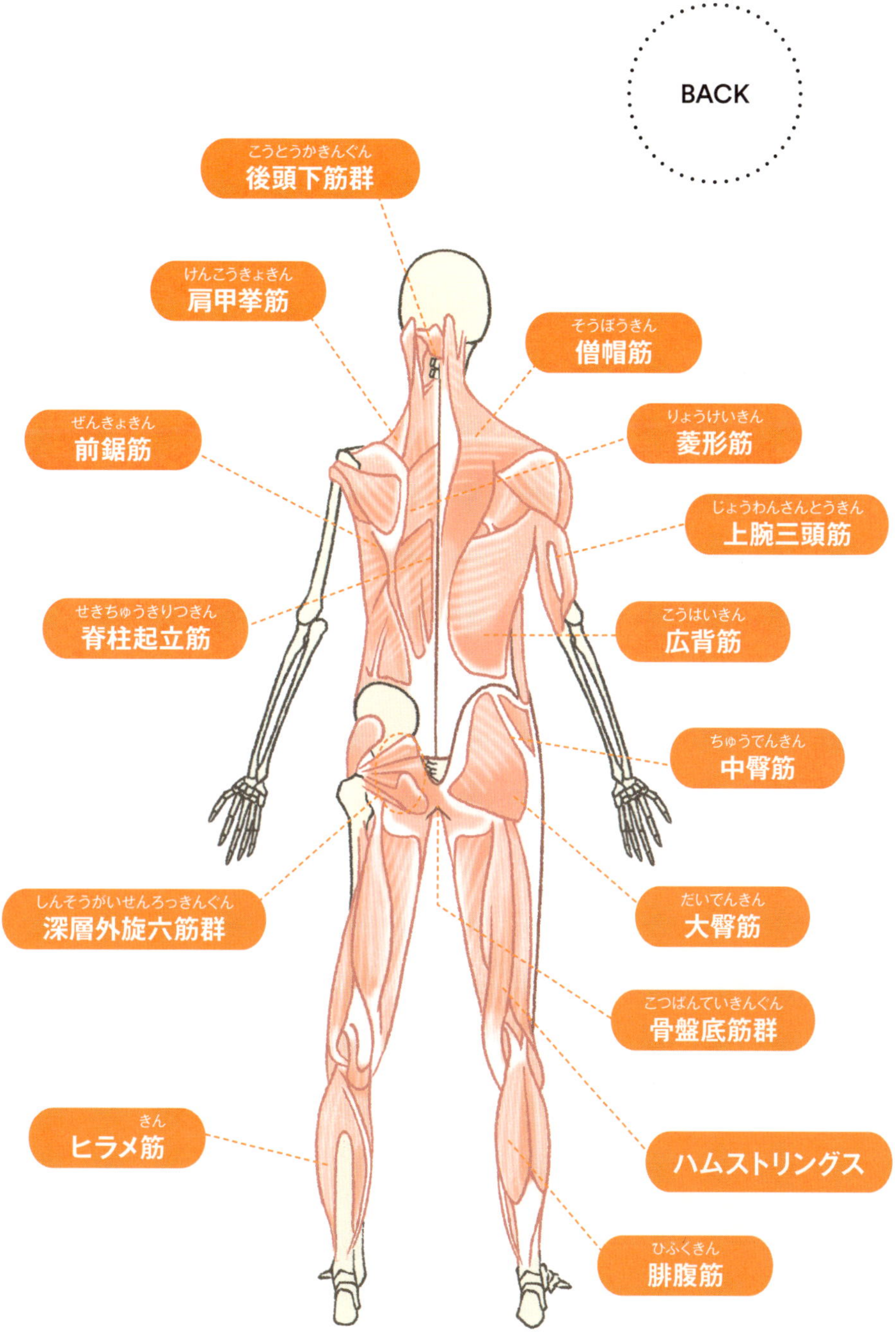
BACK
後頭下筋群《こうとうかきんぐん》
肩甲挙筋《けんこうきょきん》
僧帽筋《そうぼうきん》
前鋸筋《ぜんきょきん》
菱形筋《りょうけいきん》
上腕三頭筋《じょうわんさんとうきん》
脊柱起立筋《せきちゅうきりつきん》
広背筋《こうはいきん》
中臀筋《ちゅうでんきん》
深層外旋六筋群《しんそうがいせんろっきんぐん》
大臀筋《だいでんきん》
骨盤底筋群《こつばんていきんぐん》
ヒラメ筋《きん》
ハムストリングス
腓腹筋《ひふくきん》

体の左右差を知っておこう

体に左右差がないという人はほとんどいません。ですが左右差をそのままにしておくと、体に悪いばかりか、体幹の軸が整わずトレーニングをすると怪我につながる場合も。まずは自分の状態をチェックして!

《左右の歪み》

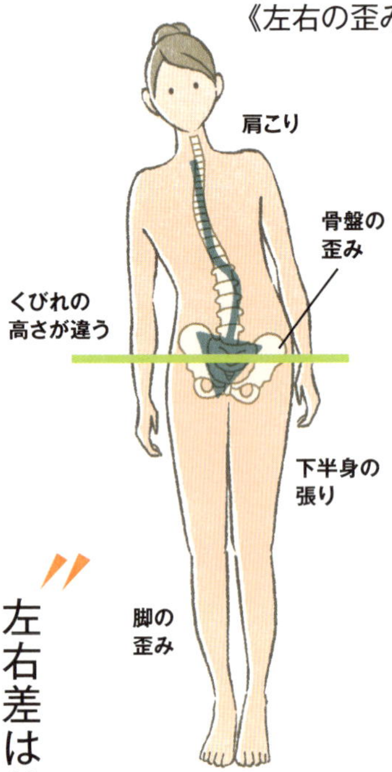

肩甲骨の左右差チェック

腕の傾きが少ないほうをしっかりトレーニング

ヒジを真横に開き、両手を上げて後ろに倒す。倒しにくいほうのトレーニングを増やして。

後ろに引きにくい腕のほうをよりほぐして

ヒジを真横に開き、両手を下げて後ろに引く。引きにくいほうのトレーニングを重点的に!

"左右差は普段の動作などが原因 そのまま放置するのはNG!"

体が歪み、左右で差ができてしまう原因は、姿勢の悪さや利き手・利き足があることなど、まさに様々。日常生活で何気なくやっている動作も、その一つです。普段の動作がきっかけと

骨盤の歪みタイプを知っておこう

反り腰とぽっこりお腹は、主に骨盤が傾いてしまうことが原因となります。その骨盤の歪みと太ももの張りはまさに表裏一体。歪みと張りをなくせば、美しく正しい立ち姿勢に！

《骨盤後傾》　《骨盤前傾》

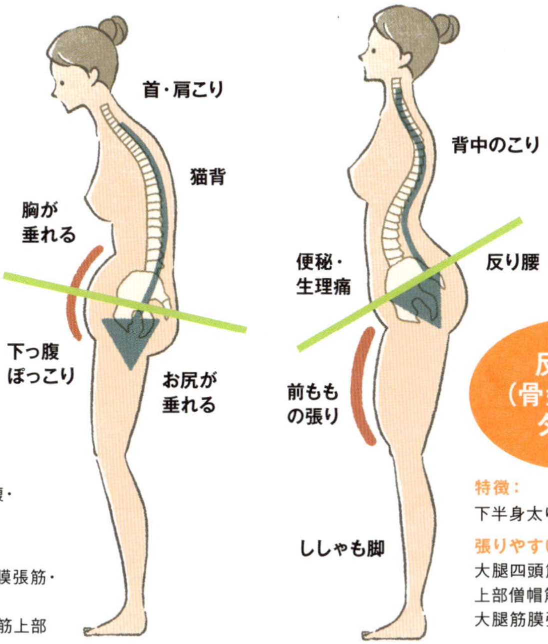

タレ尻・猫背（骨盤後傾）タイプ

特徴：
タレ尻・猫背・ぽっこりお腹・肩こり・座骨まわりの痛み

張りやすい部位：
ハムストリングス・大腿筋膜張筋・上部僧帽筋・胸鎖乳突筋（大胸筋・小胸筋）・腹直筋上部

反り腰（骨盤前傾）タイプ

特徴：
下半身太り・腰痛・肩こり

張りやすい部位：
大腿四頭筋・大腰筋・上部僧帽筋・大腿筋膜張筋・胸鎖乳突筋

なる以上、どんなに気をつけていても、左右差はどうしても出てしまいます。だからといって、そのまま放置しておくと、筋肉の張り方が左右で違ってきたり、骨格が歪んだりして、バランスが悪い体になり、痛みや体の不調を引き起こすことも。だからこそ、その差をいかになくすかが重要なのです。

　また、左右差があるままトレーニングをすると、さらに歪みがひどくなることもあるため、トレーニングの前にしっかりと左右差を把握しておくことが大切です。

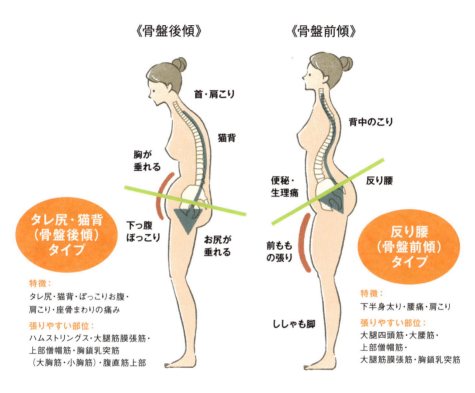

鍛えてもダメ！

脚の悩みは歪みが原因

脚がO脚やX脚になるのは、股関節のねじれや足首の歪みの影響です。また、太ももが横に張り出してしまうのも、同じく股関節のねじれが原因です。その仕組みを解説します。

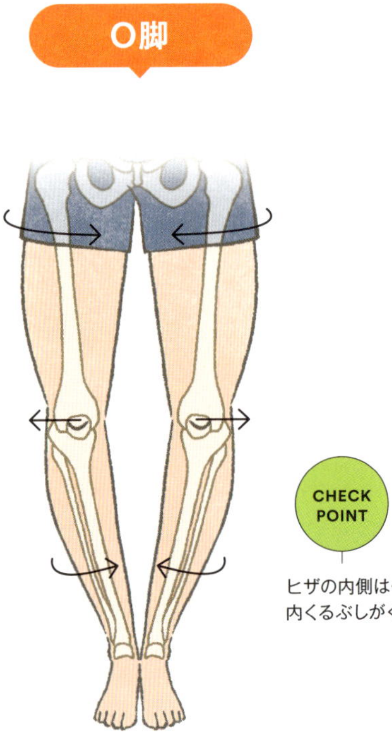

ヒザの内側はくっつかず、
内くるぶしがくっつく

まず**脚のラインのタイプを知る**ために、脚をそろえてまっすぐ立ち、左右のヒザの内側と内くるぶしがくっつくかどうかをチェックしましょう。あなたがどのタイプなのかは、上図を見て確認してください。

もしO脚かX脚なら、内側にねじれて歪んだ股関節を、正しい位置に戻す必要があります。また、股関節の歪みが少ないXO脚も、ヒザ下のねじれを解消しないと、ふくらはぎがパンパンに張ったままに！

脚のラインに加えて、やはり気になるのは**太ももの張り具合**です。股関節やヒザ下の歪みは、太ももやふくらはぎに余計な負荷をかけ、太も

スッキリ脚のためにはただ脚だけ

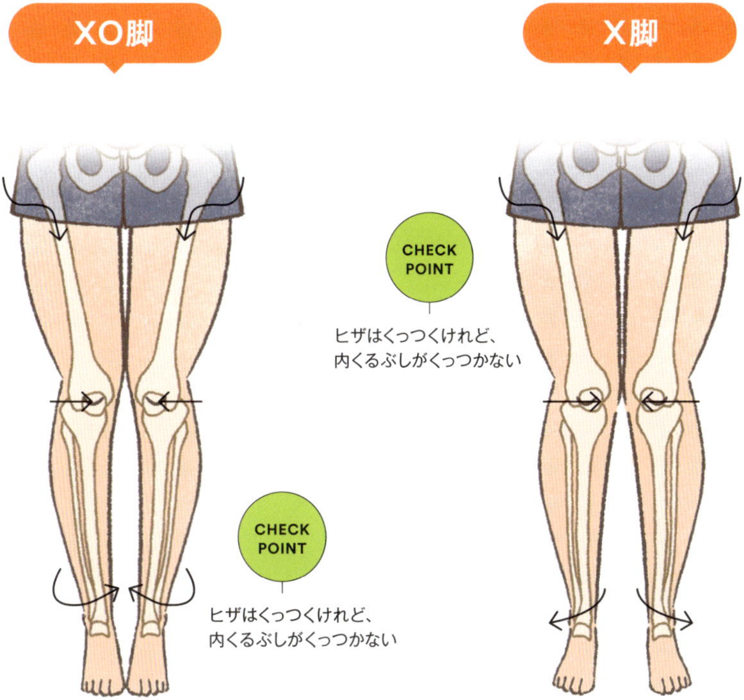
XO脚
X脚
CHECK POINT
ヒザはくっつくけれど、
内くるぶしがくっつかない
CHECK POINT
ヒザはくっつくけれど、
内くるぶしがくっつかない

もの筋肉はどんどん外側に広がります。そうして外側に張った筋肉に脂肪がついて、どんどん脚が横に太くなる悪循環に陥るのです。

一方、歩く際に主に使われるはずのお尻の筋肉と足指がうまく働かないと、前ももが張ってしまいます。ただ、このようにすでに張っている部分をさらに鍛えると、スッキリするどころかムキムキな状態に……。

つまり、脚をスッキリさせたいなら、脚だけをがむしゃらに鍛えてもダメなのです。まずは股関節などの歪みを整えた上で、自分の脚の状態に適したトレーニングをする必要があることを覚えておいてください。

肩甲骨、骨盤、背骨、股関節の基本ポジションがわからないと、肩の痛みを感じたり、トレーニングの効果が減ってしまったりします。しっかり覚えておきましょう！

トレーニング前に知っておこう！
各パーツの基本ポジション

基本ポジションの動画はコチラ！

ここからは、実際にトレーニングを始めるにあたって、よりその効果を引き出すために重要となる肩甲骨・骨盤・背骨・股関節のポジションについてレクチャーします。

この４つのパーツは、骨格リセットも含め、トレーニングの内容ごとに、ニュートラルポジションから適したポジションに動かすことが重要となります。

このポジションを間違えてしまうと、効果を得られないだけでなく、骨を痛めるリスクがあります。

なお、トレーニングは立ったままや座った状態、四つん這いや横向き、うつぶせや仰向けなど、様々な姿勢で行います。どんな姿勢になっても、各パーツを思い通りに動かせるように、練習してくださいね。

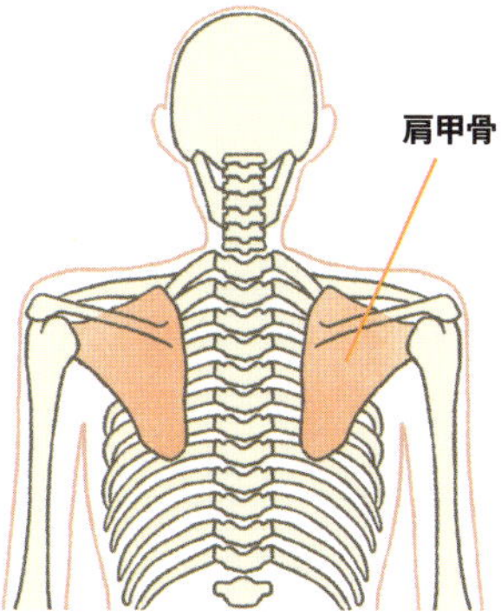

肩甲骨は、体幹と腕をつなぎ、腕の上げ下げや回す運動に連動して、肋骨の上をスライドするように動きます。

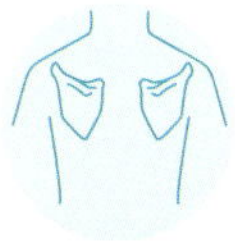

肩甲骨

肩甲骨が固まっていると首や肩、背中のこりの原因に。しっかりはがして動かしましょう。

寄せる

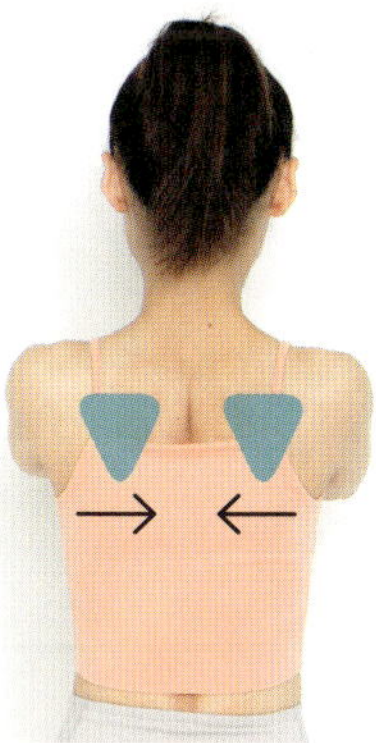

背骨に向かって、左右の肩甲骨をグッと寄せて、僧帽筋中部を収縮させます。胸まわりや肋骨を開き、肩を背骨に近づけるイメージで。腕を前に出すと寄せやすくなります。背骨を反らす背中のトレーニングで使用します。

ニュートラル

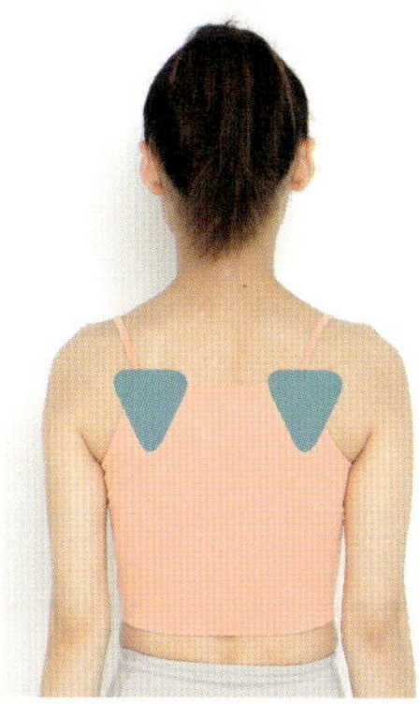

力を入れない状態で、左右の高さが同じで、適度に寄っていて、上に上がりすぎていないのが理想的です。無意識に上がっている人が多いので、鏡でしっかりチェックを。

広げる

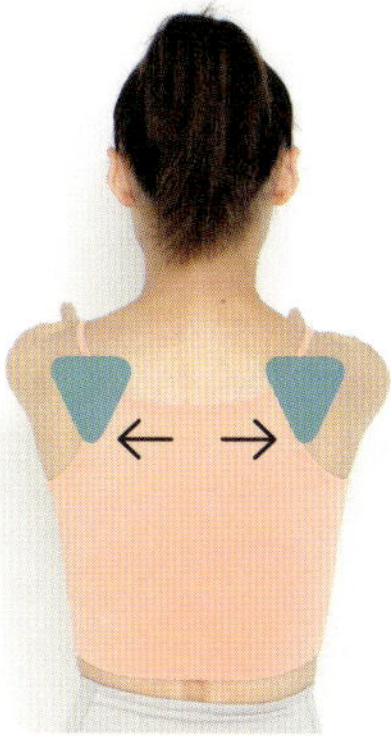

背骨を軽く丸めて肋骨を閉じ、肩甲骨を外側に広げます。腕を前に伸ばすと、肩甲骨が広がりやすくなります。こうすると前鋸筋が使われます。四つん這いや背骨を丸める腹筋動作で使用します。

下げる

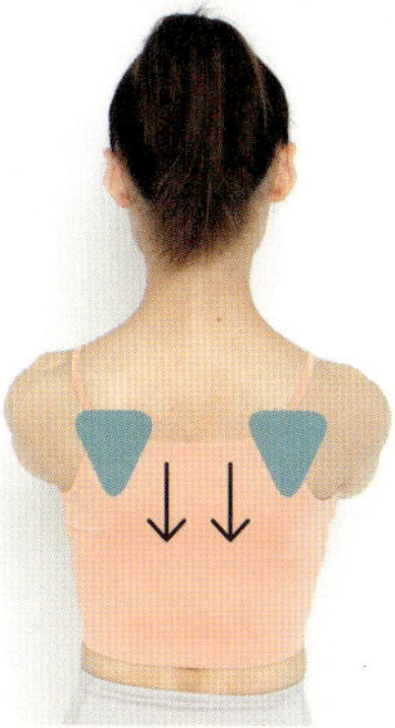

肩甲骨を下げます。肩を大きく後ろに回すと肩甲骨が下げやすくなります。骨を反らす背中のトレーニングで使用します。

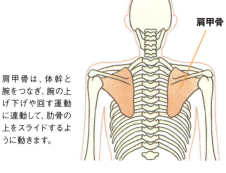

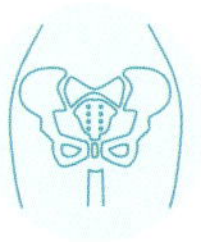

骨盤

骨盤も歪んでいる人が多いパーツの一つ。その歪みこそ、美しい下半身の大敵です。

【骨盤後面】

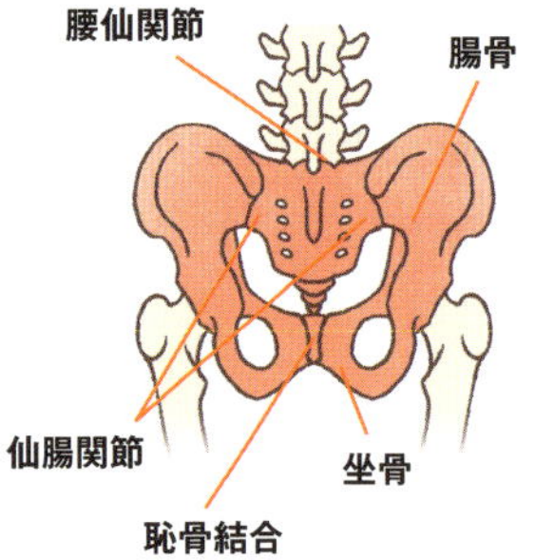

【骨盤前面】

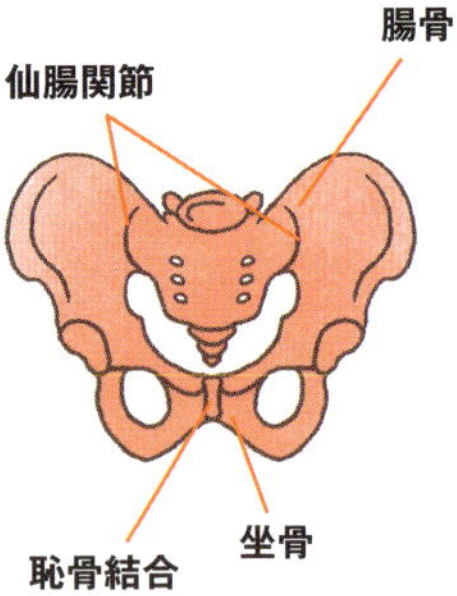

骨盤は腰椎の下にある仙骨、両側に大きく広がる腸骨、恥骨や坐骨、尾骨など、複数の骨で構成されています。それらの骨をつなぐ関節や靭帯、筋肉のずれや緩み、骨の向きの傾きなどが、骨盤の歪みの主な原因です。

後傾

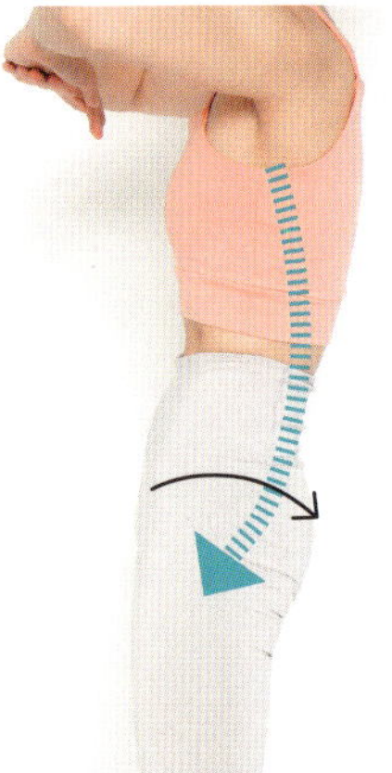

息を吐きながら肋骨を閉じ、下腹に力を入れて、おへそを天井に向けるように腰を丸めます。お尻にギュッと力を入れて、大臀筋が収縮していることを意識してください。

前傾

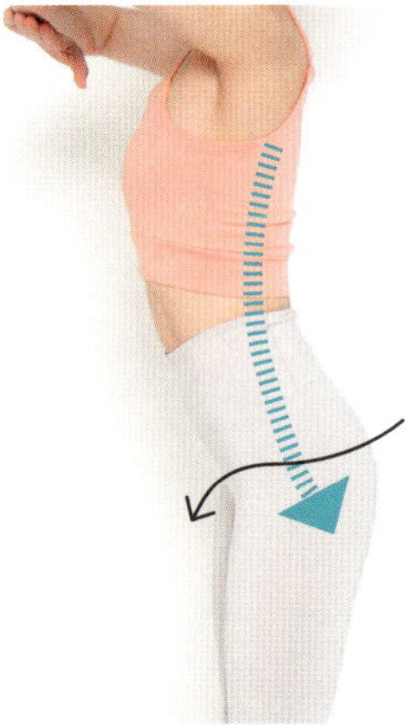

おへそを床に向けるように背骨を反らします。お尻は後ろに突き出し、背中の脊柱起立筋が使われていることを意識しましょう。

ニュートラル

まっすぐ立ったときに、おへそが真正面を向き、腰が自然に反り、S字カーブを描き、腰部分に手のひら一枚分が入ることを意識しましょう。

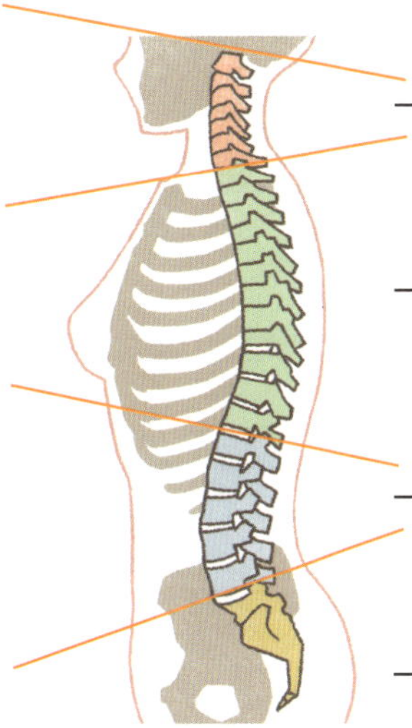

頸椎《けいつい》が歪むと……
眼精疲労、首・肩のこり、ストレートネック、頭痛、呼吸器系など

胸椎《きょうつい》が歪むと……
猫背、呼吸器系、ストレス過剰、自律神経の乱れなど

腰椎《ようつい》が歪むと……
腰痛、前ももの張り、坐骨神経の痛みなど

仙骨《せんこつ》が歪むと……
骨盤底筋群の弱化、股関節の違和感、ヒザの痛みなど

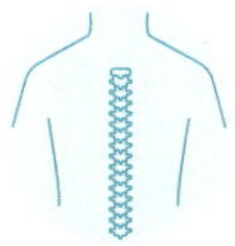

背骨

頭痛や肩こり、腰痛や内臓機能低下など、背骨が歪むと様々な不調の原因に!

丸める

腹筋に力を入れてお腹を縮め、背中を丸めます。腕は前に出して大きなボールを抱えるようなイメージで、背骨をゆっくり後ろに突き出して、カーブさせていきましょう。

反らす

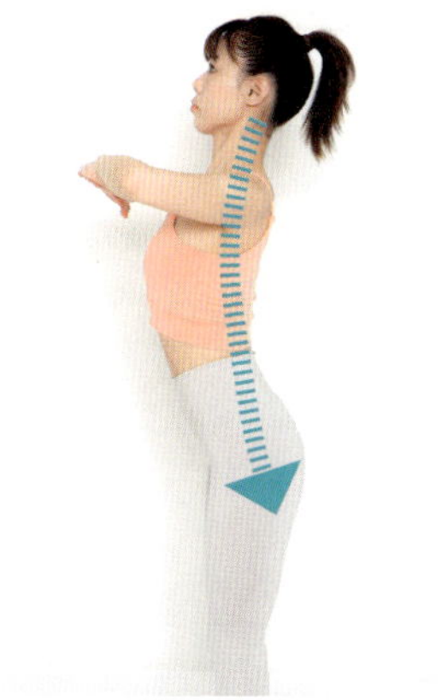

背骨が弓なりにカーブした状態です。顔を少し上に向けて胸を突き出し、背中を収縮させて、お腹をグーッと伸ばします。腰に痛みが出ない範囲で反らしましょう。

ニュートラル

横から見たときに自然なS字のカーブを描き、耳、肩、腰、足首が一直線になった状態。さらに、後ろから見たときに左右の歪みがなく、まっすぐな状態が理想的です。

股関節

股関節が歪むと脚を動かしにくくなり、
お尻や太もも、腰などが痛くなることも！

股関節は、大腿骨の上端にある丸い骨頭《こっとう》が、骨盤の寛骨臼《かんこつきゅう》というソケット部分にはまり込んでいます。

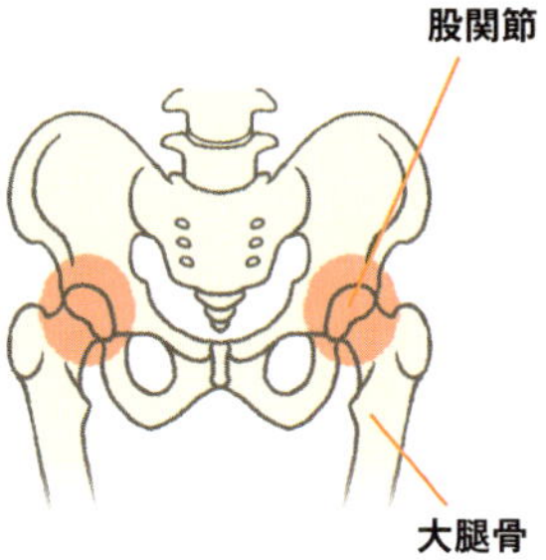

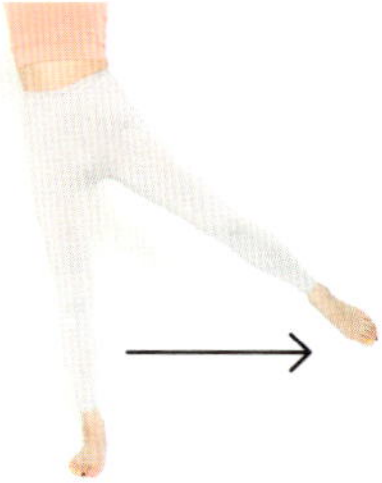

横に外転

脚を横に開きます。お尻を鍛えるときは、引いて上げます。

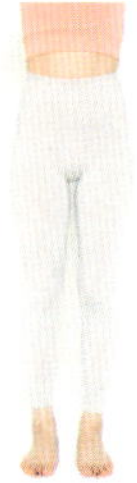

ニュートラル

意識しないでまっすぐ立ったときに、歪みや左右差がない状態が理想的です。

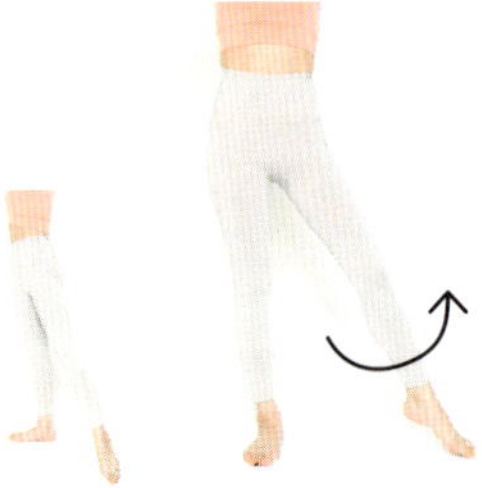

外旋

脚を伸ばしてつま先を外向き（左脚なら左）にクルリと回します。大臀筋をお尻の穴に向かって収縮させるイメージで、お尻に力を入れます。

横に内転

内ももの内転筋群を収縮させて、脚を伸ばしたまま外側と反対方向（左脚なら右側）に上げます。反対側の脚のヒザをこするようなイメージで。

伸展

脚を伸ばしたまま、まっすぐ後ろに上げます。脚の付け根の腸腰筋を伸ばし、お尻の大臀筋を縦に収縮させるイメージです。

屈曲

脚の付け根の腸腰筋をギュッと収縮させます。ヒザの高さがおへそより上にくるまでしっかり上げて。

内旋

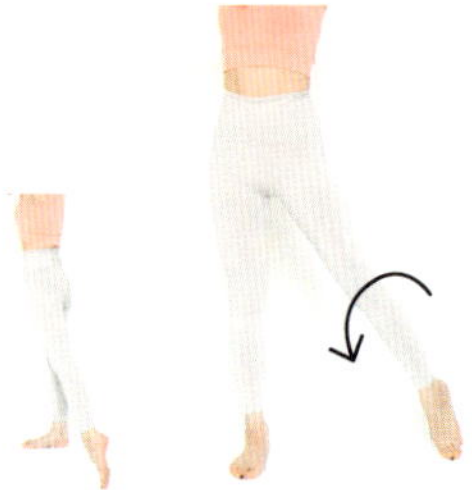

脚を伸ばしてつま先を内側（左脚なら右）にクルリと回します。内ももの内転筋群が収縮して、逆にお尻は横に伸びた状態になります。

Chapter 02

骨格リセット

Skeleton reset

トレーニングを始める前に、張って硬くなっている筋肉をほぐしてゆるめ、
逆に使えていない筋肉をしっかり使えるようにするために行いたいのが、
骨格リセットです。効果がすぐ現れるのでやる気もアップします！

Skeleton reset

骨格リセットは毎日のトレーニング前に

トレーニングで鍛える前に、ストレッチを中心とした「骨格リセット」で全身をほぐすのが、このプログラムの特徴の1つです。

“トレーニングの効果を高めて痛みも予防できる骨格リセット”

いきなりトレーニングを行うと、張って縮んでいる筋肉により負荷がかかったり、張りが邪魔で狙った筋肉を刺激できなかったり、普段動いていない筋肉がうまく働かなかったりします。そのままでは、トレーニングの効果が得られないばかりか、腰痛や筋肉に痛みが出ることも。

そのため、トレーニング前に筋肉のクセを整える骨格リセットを行う必要があります。時間がないときは、その後続けて行うトレーニングの部位に関係する3か所程度でもOKです。

例えば、78〜83ページの「脚のトレーニング」の前なら、⑨前もも伸ばし、⑩もも裏伸ばし、⑪内もも伸ばし、⑫股関節ほぐしのうち、いずれか3か所を行うようにしてください。

筋肉のクセを直して
全身の歪みをリセットしましょう！

① 肩まわりほぐし

スマホやPCのの使用によって猫背になると、肩甲骨が常に上がって、僧帽筋上部を鍛えるのと同じことに。すると上部が張って中部と下部は弱り、背中が丸くなります。猫背の人は上部のストレッチをしっかりしてください。

こんな症状におすすめ 肩こり、ストレートネック、猫背

期待できる効果 肩まわりの見た目をスッキリさせる（僧帽筋上部の張りを取る）

骨格リセットの動画はコチラ！

《目標回数》
左右各20秒キープ

01

基本姿勢はあぐらで背筋を伸ばした状態

あぐらをかいて背筋を伸ばし、右腕を腰の後ろに回し、左手を頭の上から回して右耳をつかみます。

02

耳をつかんだ手を軽く引いて首を倒す

真横に首を傾け、20秒キープし、僧帽筋上部の真ん中を伸ばします。無理に首を倒さないよう注意を。

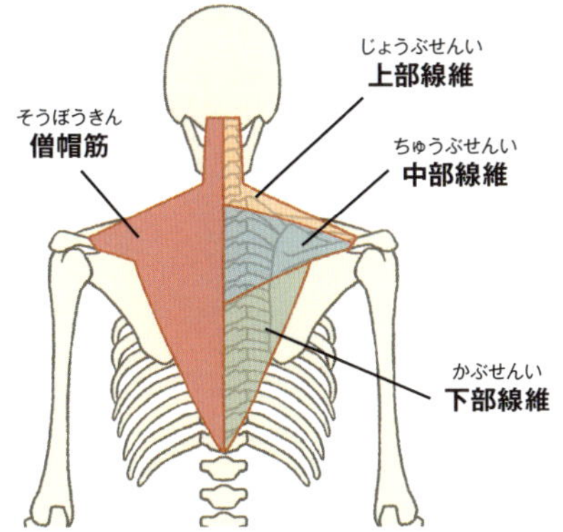

僧帽筋とは？

僧帽筋は上部・中部・下部の3つに分けられ、それぞれに役割があります。
上部：肩甲骨を上げる
中部：肩甲骨を寄せる
下部：肩甲骨を下げる
猫背など、姿勢が悪くなるのは肩甲骨を上げる役割を果たす上部がたくさん動いてしまうため。**僧帽筋上部の張り**をしっかりほぐしてからストレッチをするなど徹底的にケアしましょう。

03

アゴを斜め上に向けて首の前側を伸ばす

01の体勢に戻し、アゴを天井に向け、目線は斜め上に向けて、首の右前側を伸ばし、20秒キープします。

04

斜め下を向いて首の後ろ側を伸ばす

01の体勢に戻し、目線を左のヒザに向け、首の右後ろ側を伸ばし20秒キープ。続けて手を反対にして、僧帽筋の左側を伸ばします。

NG

頭の位置が前に出ないよう注意！

② 前鋸筋《ぜんきょきん》ほぐし

前鋸筋が張ってしまうと、肩と腕の可動域が狭まり、猫背や巻き肩の原因に。張りがさらにひどくなると、四十肩や五十肩になってしまうことも。普段からしっかりほぐしておきましょう。

こんな症状におすすめ 四十肩、五十肩、肩こり、肩甲骨の翼上（よくじょう）、猫背、巻き肩

期待できる効果 肩周りのシェイプアップ、肩関節の可動性アップ

左右差チェック

腕が上がりづらい側を重点的にほぐしましょう！

《目標回数》
ほぐれるまで行う

01

上げたヒジはしっかり後ろに引いてセット

左の前鋸筋をほぐす場合、左手を真上に上げてヒジを曲げ、手先が右側の首につくようにセットします。

NG

ヒジが前に出ていると
しっかりほぐせない

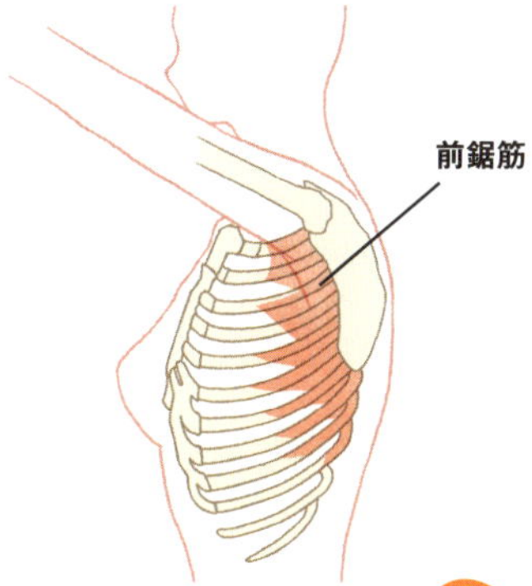

前鋸筋とは？

肩甲骨を広げる筋肉です。猫背や巻き肩といった背骨を丸める姿勢が日頃から多い人は張りやすくなるので、張りを取って前鋸筋を働きやすくする必要があります。四つん這いの動作などで使う筋肉なので、意識して行いましょう。

痛みが強い人は
弱めの圧で行いましょう!

02

前鋸筋を反対側の手で
つまんでほぐしていく

右手で左の脇下にあるコリコリした部分をつまみ、上から下へほぐしていきます。

③ 肩甲骨リセット

肩まわりのアウターマッスルが硬くなると、肩甲骨のインナーマッスル（ローテーターカフ）が働きにくくなり、動きが悪くなります。肩甲骨を動きやすくするために、インナーマッスルをリリースしていきましょう。

こんな症状におすすめ 四十肩、五十肩、肩こり、肩甲骨の翼上（よくじょう）、猫背、巻き肩

期待できる効果 肩まわりのシェイプアップ、肩関節の可動性アップ

左右差チェック（14ページ）

ヒジから上に曲げた腕を背中側に倒したときに、倒しにくいほうを重点的に行います。

《目標回数》
左右各5～10回

PART 1
外回し
（小円筋・刺上筋・刺下筋）

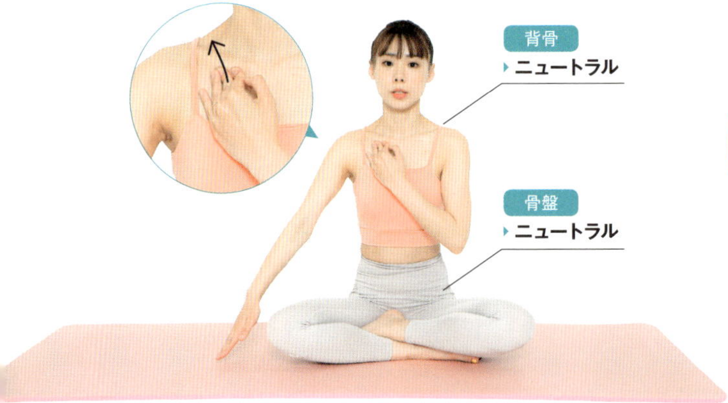

01

腕をまっすぐ斜め下にヒザの外側へ伸ばす

あぐらをかき、リリースしたい側の腕を斜め下に伸ばし、反対の手で鎖骨が上がらないよう軽く押さえます。

02

鎖骨を下から上に押さえながら腕を大きく回す

右の肩甲骨なら、左手で鎖骨を押し、右腕を顔の前を通過させて、大きく前から後ろに5～10回回します。

PART 2
内回し
（肩甲下筋）

《目標回数》
左右各5〜10回

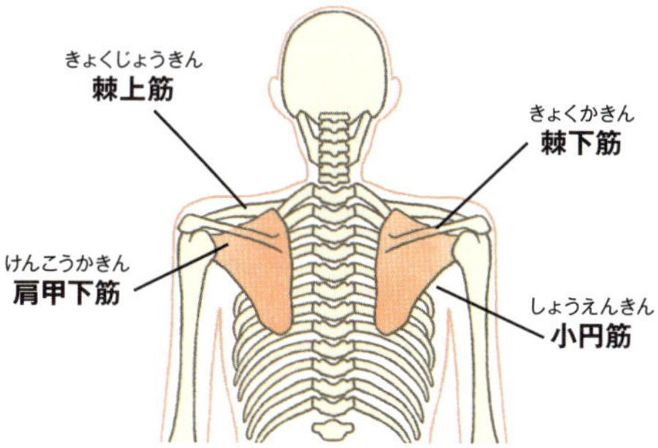

ローテーターカフとは？

肩関節を安定させるための4つのインナーマッスル（小円筋・棘上筋・棘下筋・肩甲下筋）の総称を「ローテーターカフ」といいます。棘下筋をのぞく3つの筋肉は、肩甲骨の内側についていて、肩甲骨の安定性を作るのに大事な役割を果たします。ローテーターカフのまわりにある筋肉が張っていると安定性が欠けて、肩関節の歪みを引き起こし、体幹が不安定になります。

左右差チェック
（14ページ）

腕を横に伸ばし、ヒジ先を下に直角に曲げたとき、ヒジが下がっているほうを重点的に行います。

01 肩甲骨を反対側の手で上から軽く押さえておく

あぐらをかき、肩甲骨を反対側の手で軽く押さえ、アウターマッスルが動かないようにします。

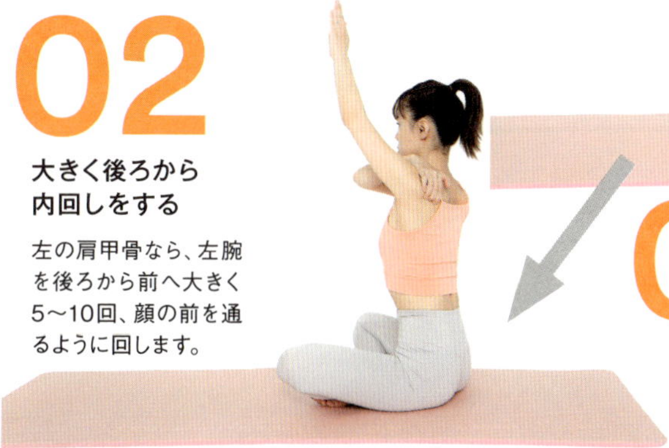

02 大きく後ろから内回しをする

左の肩甲骨なら、左腕を後ろから前へ大きく5〜10回、顔の前を通るように回します。

NG

腕が曲がって鎖骨が上がるとNG

腕だけ小さく動かしたり息を止めるのはNG

④ スマホ首リセット

スマホやPCの使いすぎなどで頭が前に出て、首（頸椎）のカーブが失われストレートネックになると、様々な不調を引き起こします。アゴを引っ込めて、頭を元の位置にリセットしましょう。

こんな症状におすすめ　眼精疲労、首こり、肩こり、ストレートネック、猫背

期待できる効果　首肩まわりのシェイプアップ、呼吸を深める

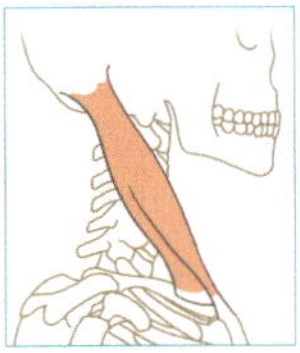

胸鎖乳突筋《きょうさにゅうとつきん》

首にある最も太い筋肉で鎖骨から耳の後ろ辺りまでついている筋肉。首を左右にねじったり、傾ける動作をサポートします。

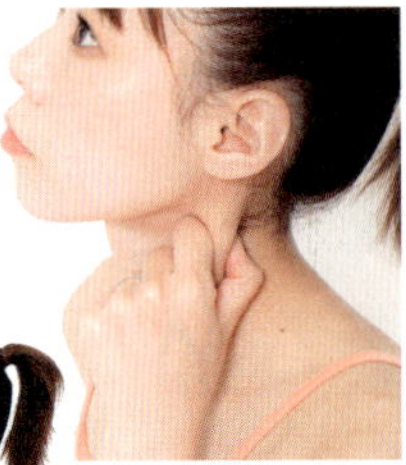

《目標回数》
気持ちよく
ほぐれる程度

PART 1

01 胸鎖乳突筋を同じ側の手でほぐす

親指と人差指で胸鎖乳突筋をやさしくつまんで揺らします。強くつままないよう注意。

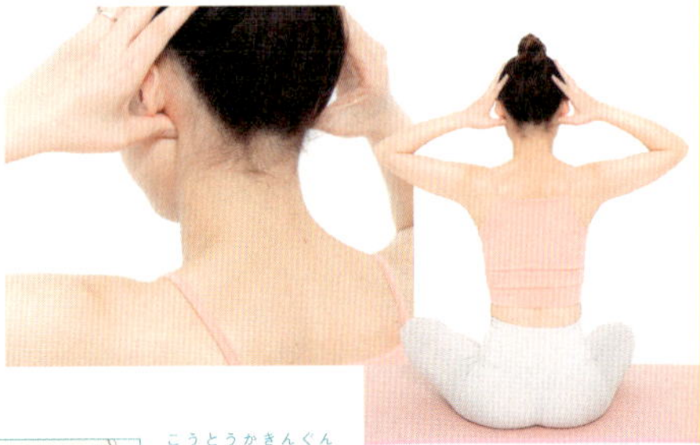

02 耳たぶの後ろ斜めを両手の親指でほぐす

親指を耳たぶの後ろ斜め下にあるくぼみに当てましょう。

03 うなじに向かって親指で押していく

頭蓋骨の下のラインに沿って、親指をうなじに向かいスライド、もしくは親指をずらしながら、押していきます。

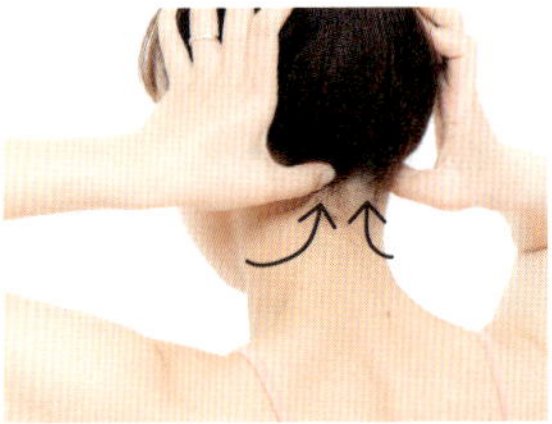

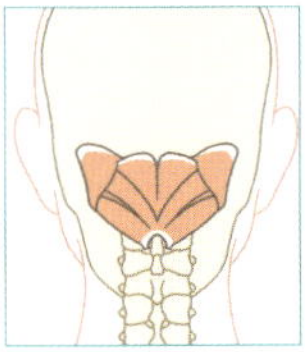

後頭下筋群《こうとうかきんぐん》

首と頭の境目の深層にある小さな筋肉の集まりが後頭下筋群。この部分は後頭骨と頸椎につながるため、眼精疲労に影響する自律神経とも密接。目が疲れてくると後頭下筋群のエリアが硬くなるので、しっかりほぐしましょう。

《目標回数》
10秒 ×2回

PART 2

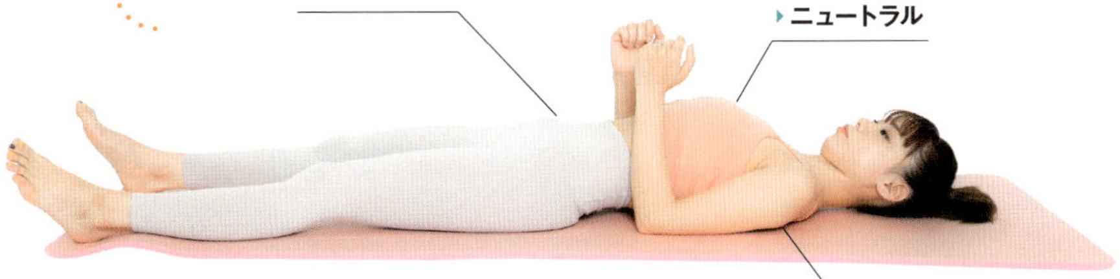

01

脇はしっかり閉じて
手は軽く握り仰向けに

仰向けになり脇を閉じ、ヒジから指先を天井方向へ直角に曲げます。両手は軽く握っておきましょう。

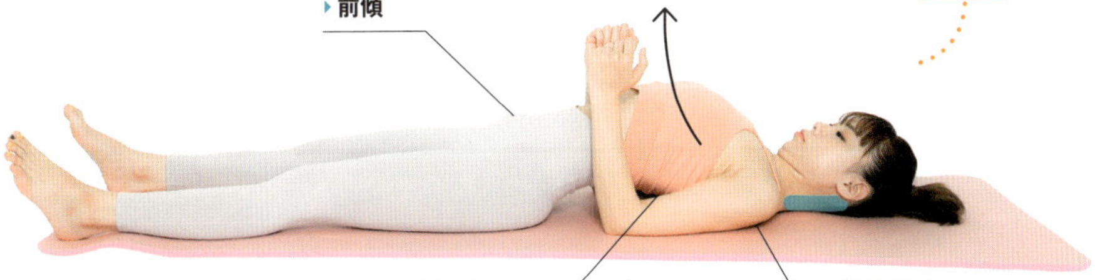

02

頭蓋骨と首の境い目が
床につくように
アゴを引き胸を上げる

しっかりとアゴを引いて首と頭を伸ばし、ヒジで床を押しながら胸を上に引き上げ、10秒キープします。

NG

アゴが上がってしまうと
ストレッチの効果はゼロに

⑤ 胸椎リセット

長時間のデスクワークによる姿勢の悪さなどが原因で、とくに硬くなりやすいのが胸椎です。硬いままだと、上の頸椎と下の腰椎が過剰に働き、腰痛や肩こりの原因に。しっかり緩めて可動性をもたせましょう。

こんな症状におすすめ　肩こり・猫背・ストレートネック、首痛、腰痛

期待できる効果　呼吸を深める、リラックス効果

《目標回数》
8回

01

仰向けで力を抜き ゆらゆら体を揺らす

両手脚を広げて仰向けになり、フィットネスボールか、バスタオルを縦に丸めた物を背中の下に入れ、深呼吸しながら左右にゆらゆらと体を揺らします。

バスタオルの場合は
丸めて縦に置いて

02

アゴを引いたまま 両腕を真上に伸ばす

息を吸いながら両腕を天井方向にまっすぐ伸ばします。息を吐きながら肩甲骨を寄せます。

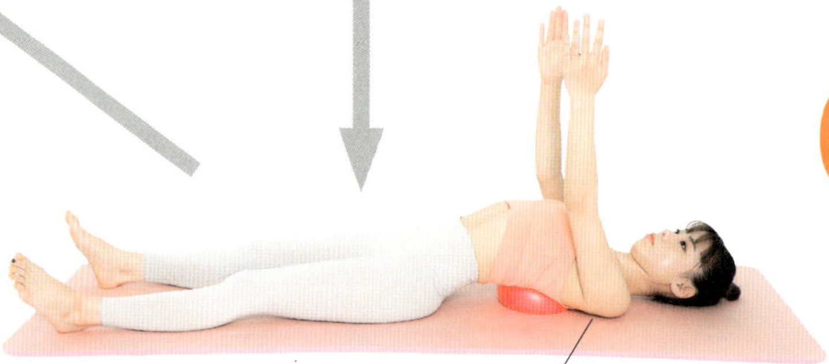

肩甲骨
▸ **下げて寄せる**

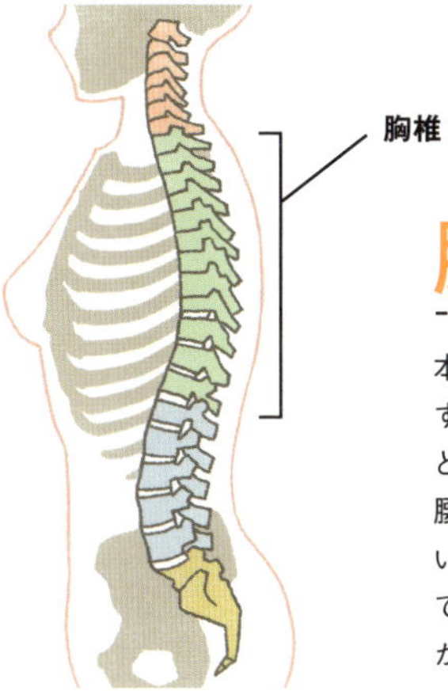

胸椎とは？

本来可動性が必要な胸椎ですが、胸椎が可動しにくくなると、安定性の必要な頸椎や腰椎が過剰に可動してしまい、首や肩、腰に負担をかけてしまう原因になります。しっかりほぐしておきましょう。

03

両腕は伸ばしたまま バンザイの体勢に

鼻から大きく息を吸いながら大きく腕を伸ばしバンザイの体勢になります。

04

肩甲骨から腕を回すイメージで動かして

息を吐きながら手の甲を床にすべらせ、下半身のほうへ大きく動かします。これを8回繰り返します。

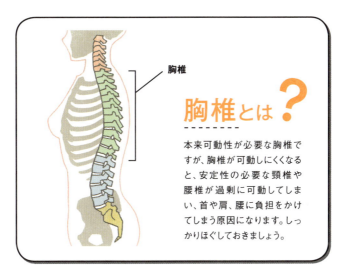

⑥ 肋骨リセット

エネルギー燃焼をアップさせる深い呼吸をするためには、肋骨を整えて開きを改善する必要があります。肋骨の開きに左右差がある場合は、より開いている側を多めにストレッチしてください。

期待できる効果 くびれをつくる、肋骨の開き・開きの左右差改善、アンダーバストサイズをダウン、呼吸を深める

《目標回数》
左右各5回ずつ

骨格リセットの
動画はコチラ！

骨盤
▸ニュートラル

01

腕を肩幅、脚は腰幅に開いて四つん這いに

手首を肩の真下、ヒザは脚の付け根の真下になるようにして、四つん這いになります。

手は軽く
そえる程度

02

片手を肋骨に置いて姿勢はそのままキープ

体がグラグラしないようにしっかりお腹に力を入れましょう。

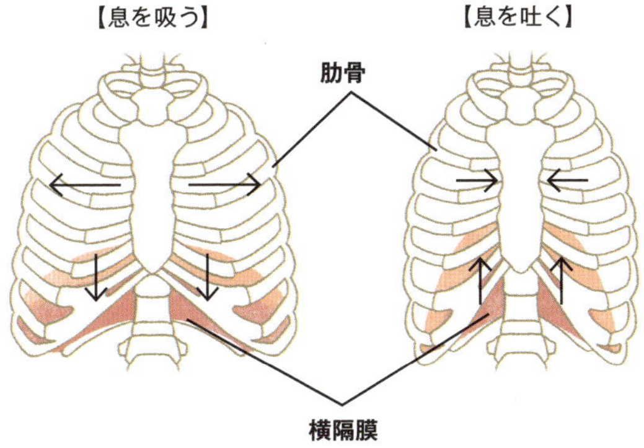

呼吸と肋骨の関係

息を吸うと肋骨が膨らみ、横隔膜が引き下がります。逆に息を吐くと肋骨が締まり、横隔膜が引き上がります。

03

息を吸いながら肋骨を開く

肩甲骨を軽く寄せながら、胸を開き肋骨を広げます。

04

息を吐きながら肋骨を締める

息を吐きながら手で軽く脇腹を内側に押し込んで肋骨を締めます。

⑦ 背中伸ばし

背骨をゆっくり丸めてから反らすことで、背骨の柔軟性を高めることができます。背骨が動きやすくなると、深い呼吸ができるようになるほか、様々な不調の改善や、お腹と下半身やせにつながります。

こんな症状におすすめ　**腰痛、猫背**

期待できる効果　**肋骨を締める、お腹まわり・下腹部をシェイプアップ、骨盤底筋群を強化、背骨の柔軟性アップ、下半身引き締め**

《目標回数》
5回

01

腕を肩幅、脚は腰幅に開いて四つん這いに

手首を肩の真下、ヒザは脚の付け根の真下になるようにして、四つん這いになります。

02

おへそをのぞき込むように腹筋に力を入れていく

ゆっくり息を吐きながら、尾骨・仙骨・腰椎を1つずつ丸めていくイメージで背骨を丸め、背中を天井へ引き上げます。重心は軽く後ろ方向にずらします。

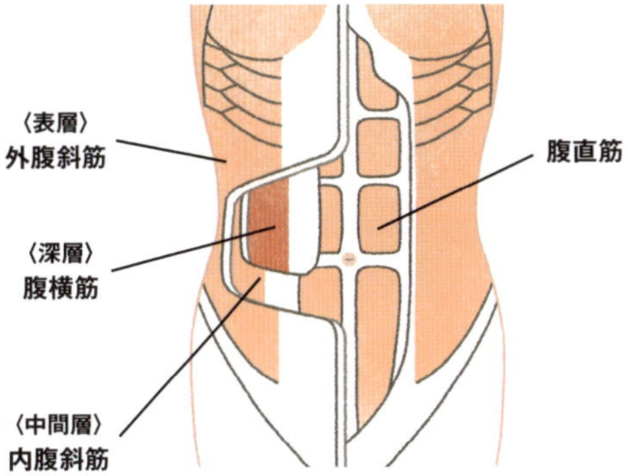

腹横筋と背骨の関係

腹横筋は、腹筋群の一番深いところにあるインナーマッスル。息を吐きながら背骨を丸めると、腹横筋に刺激が与えられます。「腹横筋が弱る」＝「背骨が硬くなる」なので、背骨の柔軟性アップには腹横筋を刺激することが大切です。

NG

前重心になるのはNG

腰から反らすのはNG

03

視線は天井の方へ向け胸を開き背骨を反らす

息を吸いながら肩甲骨を寄せるよう意識しつつ、お腹を伸ばして上体を反らします。重心は前にずらし、おへそと胸を引き離すイメージで。

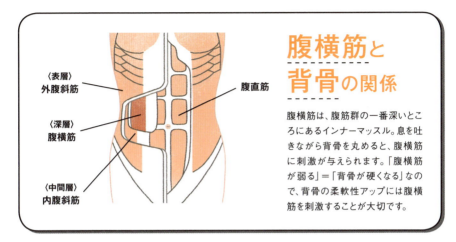

⑧ 背骨リセット

背中のインナーマッスル（多裂筋）とアウターマッスル（脊柱起立筋）を動かします。背中の内側と外側、両方の筋肉をしっかり働かせることで、背骨の歪みを解消していきます。

こんな症状におすすめ　猫背、腰痛

期待できる効果　背中まわりのシェイプアップ、呼吸を深める、体幹力アップ

《目標回数》
5回

01 頭が下がらないようアゴを引きうつぶせに

うつぶせになりアゴを引き、おでこの下で手を重ねます。恥骨を床にしっかりつけ、お尻の穴を締めて、脚は外旋させます。

02 深部の多裂筋をじっくり働かせる

息を吸いながら目線を5cmほど前にずらし、首を天井方向に少し上げると多裂筋が働きます。

多裂筋とは

背骨についている小さなインナーマッスル。大きく動くことはありませんが、脊柱を支えて、反らし、ひねり、横に倒す働きがあります。

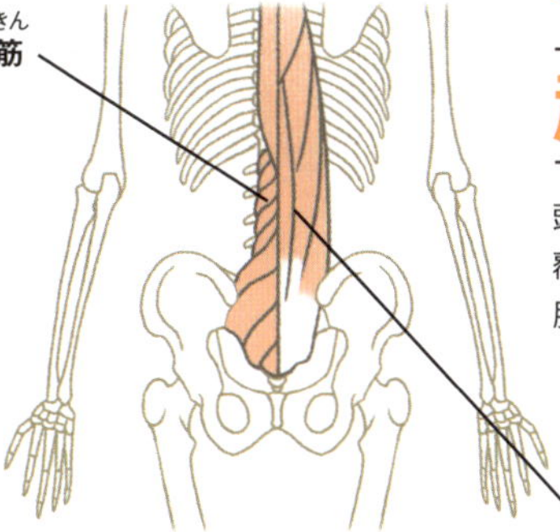

脊柱起立筋とは

頭蓋骨から骨盤にかけ背中を覆う筋肉で、棘筋《きょくきん》、最長筋、腸肋筋の3つで構成されます。

NG
アゴが上がるのはNG

03

脊柱起立筋を軽く反らして鍛える

息を吸いながら胸を反らして目線を1mほど前にずらし、胸の谷間を見せつけるようにして脊柱起立筋を軽く反らします。

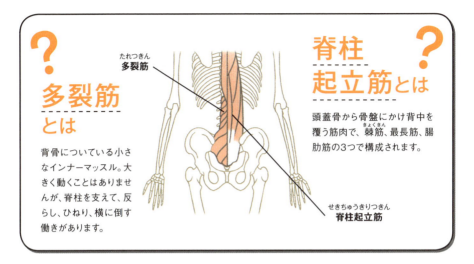

⑨ 前もも伸ばし

骨盤の歪みを整えるだけでなく、下半身やせにも直結するストレッチです。骨盤の左右差を見て、下がっているほうを重点的に行いましょう。また、骨盤が前傾タイプの人も念入りに行ってください。

こんな症状におすすめ 腰痛、反り腰、ヒザ痛、前ももの張り

期待できる効果 下半身のシェイプアップ、下腹部のシェイプアップ

《目標回数》
左右各5回

骨格リセットの
動画はコチラ!

01 手足を床について背中はまっすぐに

四つん這いになり、手は肩の真下、ヒザはお尻の真下の位置にセットします。

02 反対側の脚を前に出して前ももをよく伸ばす

右大腿四頭筋のストレッチなら、左脚を曲げてかかとを手の横に置き、骨盤を後傾にして右脚を伸ばします。

骨盤の位置の左右差をチェック

骨盤は傾きだけでなく左右の高さも確認して

まず左右差を調べ、骨盤が下がっているほうを重点的にストレッチして歪みを整えます。

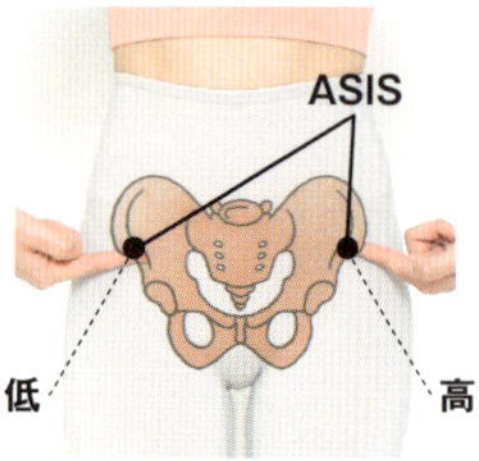

まっすぐ立ち、骨盤の出っ張りを指で押さえ、鏡で左右の高さの違いを確認します。

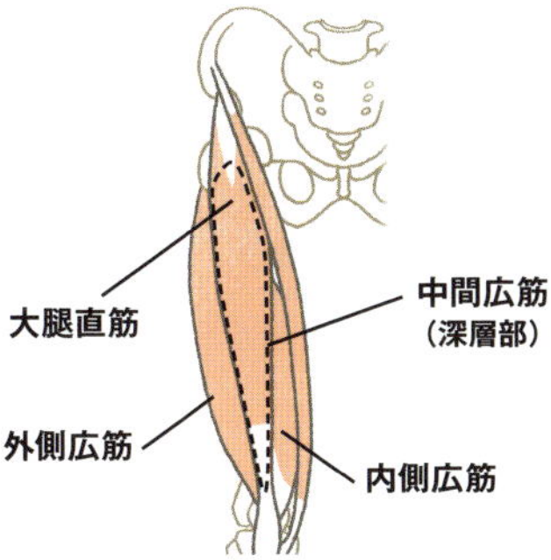

大腿四頭筋とは？

太ももの前側にあり、大腿直筋、内側広筋、外側広筋、中間広筋の4つからなる筋肉。人体で最も大きな筋肉で、大きなパワーを持っている分、発達しやすいのが特徴です。大腿直筋が張ると骨盤が大腿直筋に引っ張られ骨盤を下に向かせてしまい反り腰の原因になります。

NG

腰を反らす
のはNG

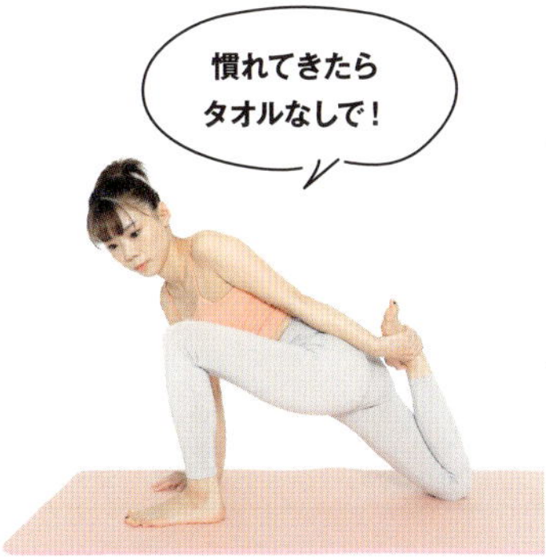

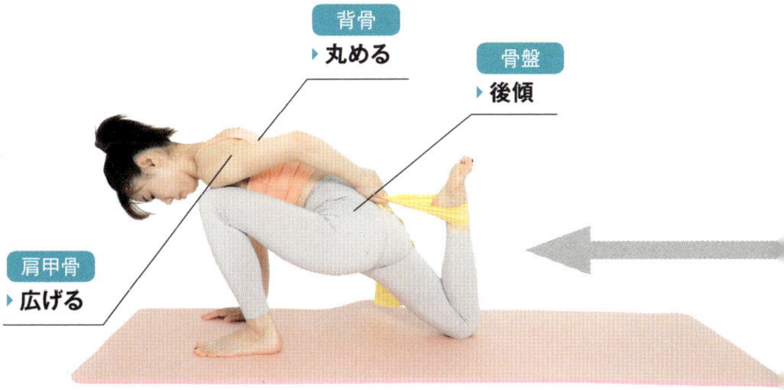

直接足首をつかむ 上級者向けストレッチ

上級者や、03の動きに慣れてきた人はタオルを使わず、足首を反対側の手でつかんでもOKです。

03 かかとをお尻に近づける イメージで引っ張る

右足首にタオルをかけ、重心を前にかけながら左手で前方に引っ張ります。前ももが気持ちよく伸びているのを感じましょう。

※ヒザの痛みを感じる場合は大腿直筋が硬いという証拠。無理をせず少しずつ伸ばしていきましょう。

⑩ もも裏伸ばし

ハムストリングス＝もも裏もしっかり伸ばして、骨盤の歪みを整えていきます。とくに骨盤が後傾タイプの人は、もも裏がこり固まっていることが多いので、しっかりストレッチしましょう。

こんな症状におすすめ　腰痛、坐骨神経痛、タレ尻、骨盤後傾、ヒザ痛

期待できる効果　前屈を深める、骨盤の歪み改善

《目標回数》
左右各10秒ずつ

左右差チェック

上げづらいほうの脚を重点的に行って。

01

骨盤から脚を上げて左右差をチェック

仰向けで片脚ずつ、骨盤から伸ばしてめいっぱい上げます。上がりにくいほうを念入りに行います。

02

天井に向かってかかとを蹴るイメージで脚を上げる

左脚の場合、左の足裏にかけたタオルを両手で持ちながら、天井方向へ脚を上げます。

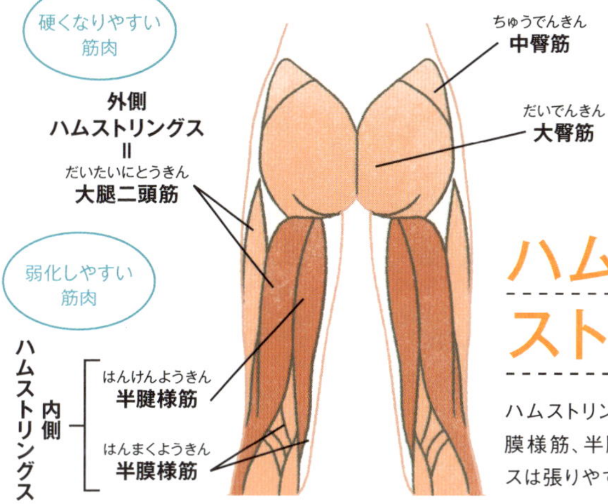

大臀筋を動かすことで硬くなりやすい筋肉である大腿二頭筋を伸ばしてほぐします。

ハムストリングスとは？

ハムストリングスは、太もも裏側の大腿二頭筋、半膜様筋、半腱様筋の総称。外側のハムストリングスは張りやすく、内側は弱化しやすい部位です。

NG

背中は手のひら1枚入る程度浮かせて

03

脚をしっかり伸ばし頭の方向へ引っ張る

肩の力を抜きお腹に力を入れて、脚をかかとまでしっかり伸ばしたまま、頭の方向へタオルで引っ張ります。

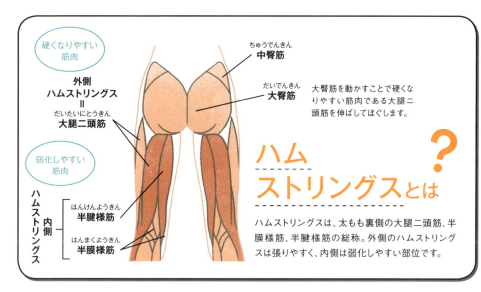

⑪ 内もも伸ばし

この内もも＝内転筋群を伸ばすストレッチは、脚を引き締めてスッキリさせるだけでなく、脚の歪みやヒザの開きを改善し、さらには股関節の柔軟性もアップさせる、まさに一石三鳥のストレッチです。

こんな症状におすすめ　腰痛、骨盤の歪み、X脚、O脚

期待できる効果　股関節の可動アップ

《目標回数》
左右各10秒

左右差チェック

座った状態で左右の足裏を合わせたとき、ヒザが上がっているほうを重点的に行います。

01

タオルを引きながら脚を真上に上げる

仰向けになり、ストレッチするほうの足の裏にタオルをかけ、タオルを持ったまま脚を天井方向に上げます。

NG

反対側の骨盤が浮くのはNG

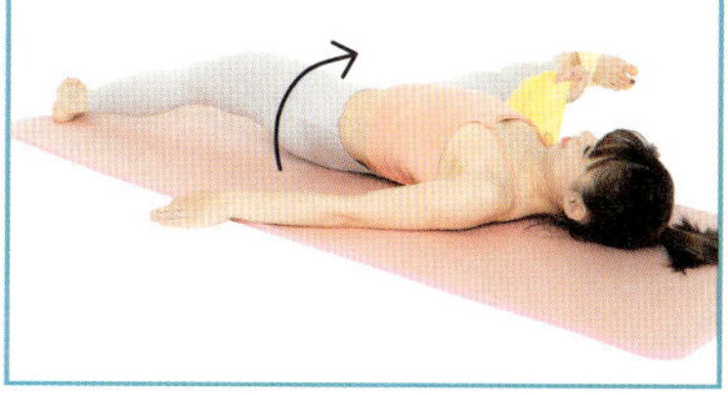

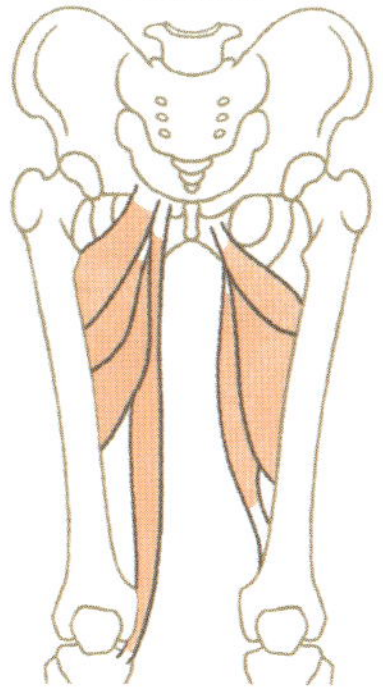

内転筋群とは？

内転筋群は恥骨筋、大内転筋、長内転筋、短内転筋、薄筋からなり、骨盤や姿勢、歩行を安定させます。また、骨盤の底にある骨盤底筋群を下から支えています。

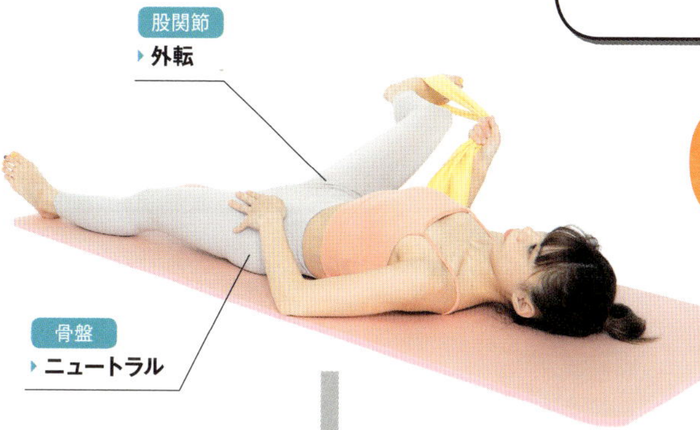

02

脚を開き伸展
骨盤は押さえておく

体の外側へ脚を開き、タオルで調節しながらヒザを柔軟に曲げ伸ばしします。反対側の骨盤は浮かないよう、手でしっかり押さえて。

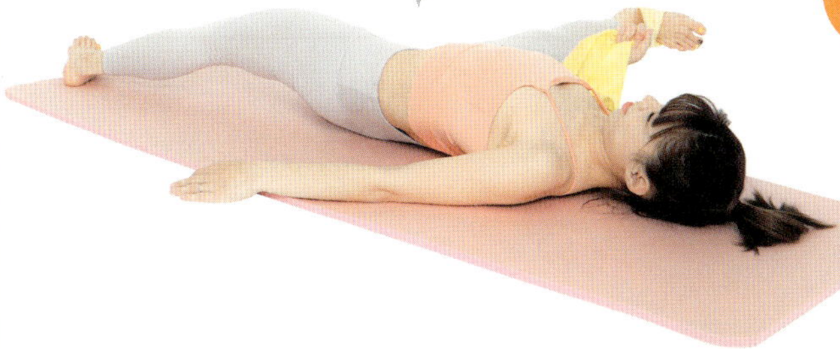

03

左のお尻が浮かないように
右のヒザを伸ばす

右脚の内ももがしっかり伸びるのを感じましょう。右脚を伸ばすときに左のお尻が浮かないように体幹にしっかり力を入れましょう。

⑫ 股関節ほぐし

大腰筋と腸骨筋からなる腸腰筋は、上半身と下半身をつなぐ唯一の筋肉です。この2つの筋肉をしっかり鍛えることで、股関節がほぐれてスムーズに動くようになります。

こんな症状におすすめ **反り腰、骨盤後傾、股関節の痛み、違和感の緩和、前ももの張り**

期待できる効果 **股関節の柔軟性アップ、脚のシェイプアップ**

《目標回数》
左右各5回

左右差チェック

脚を上げづらい人は、股関節が動きにくくなって腸腰筋が弱っています。

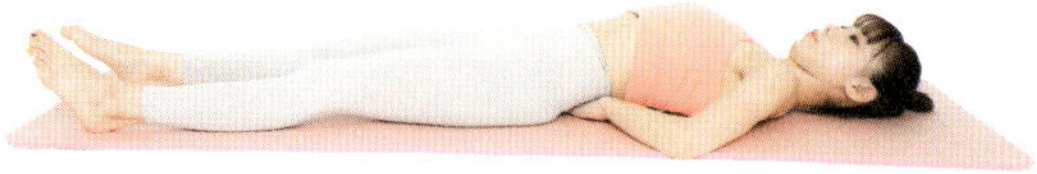

左右のヒザの曲げづらいほうを重点的に

仰向けで片脚のヒザを曲げ、胸へ近づけます。曲げづらいほうをしっかりストレッチします。

PART 1
腸腰筋のトレーニング

01

床と背中の間に手のひら1枚が入るのを目安に

仰向けに寝て腰を軽く反らします。背中を床につけるのはNGです。

腸腰筋とは?

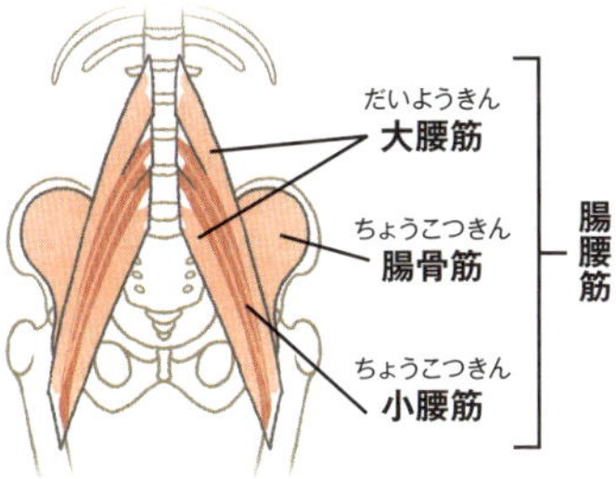

大腰筋・小腰筋・腸骨筋をまとめて「腸腰筋」と呼びます。股関節を動かしやすくするためで、大腰筋をリリースします。

02

吐く

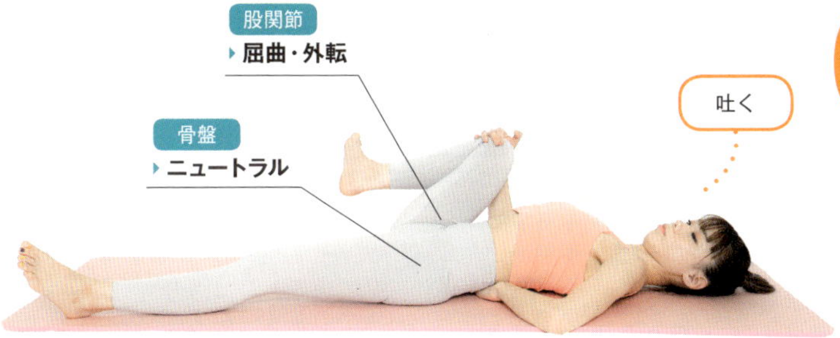

右手で右ヒザを押し広げる

右ヒザを曲げて右手でつかみ、外側に開きます。足首は直角に曲げて。

03

吐く

骨盤を固定しヒザから手を離したままキープ

曲げたヒザと反対側の骨盤が、一緒に動いてしまわないようお腹に力を入れ、ヒザから手を離します。

※「ASIS」「恥骨」は骨の名前です

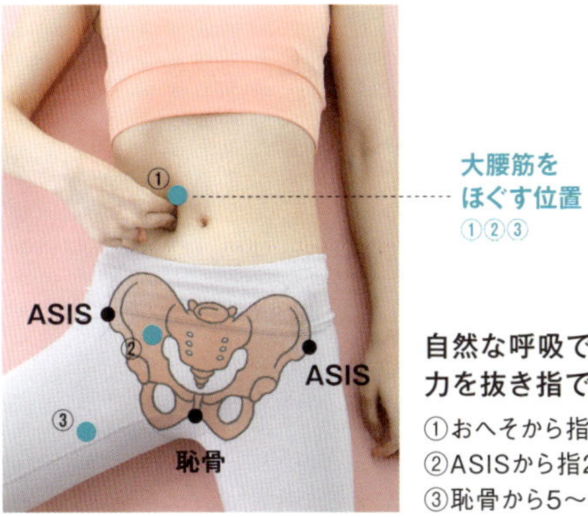

PART 2

大腰筋をほぐす

自然な呼吸で力を抜き指でほぐす

①おへそから指3本分の脇を指でやさしく押します。
②ASISから指2本分のところを指で痛くない範囲でほぐします。
③恥骨から5〜8cm離れたところのコリコリした筋をほぐします。

⑬ 外ももほぐし

外もも＝大腿筋膜張筋が硬いままだと股関節が固まり、トレーニングに支障をきたしたり、大腿筋膜張筋から脛につながる腸脛靱帯を痛めたりすることも。しっかりストレッチして股関節の柔軟性を取り戻しましょう。

こんな症状におすすめ　**股関節の痛み、O脚、X脚、XO脚**

期待できる効果　**股関節の可動アップ、外ももの張り改善、大転子の出っ張り**

《目標回数》
左右各5秒

**左右差を放っておくと
どんどん歪みが悪化**

左右差チェック

立ったまま脚を片方ずつ、体の横へ上げます。上がりにくいほうを重点的にストレッチします。

01

ストレッチしたいほうの脚を上にしてあぐらをかく

左側をストレッチする場合は、左脚を右脚の上に乗せてあぐらをかき、両脚のヒザとヒザを近づけます。

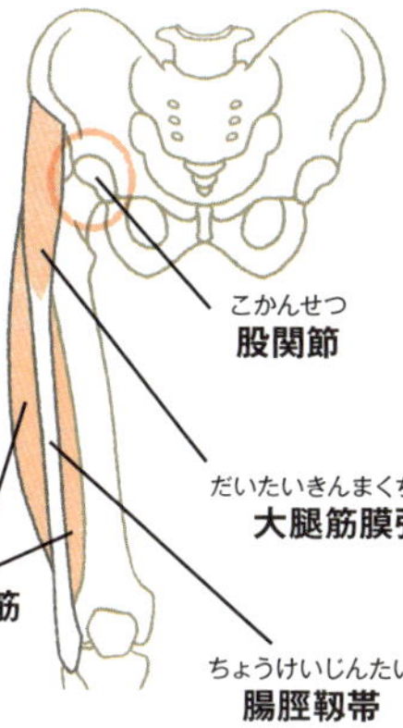

大腿筋膜張筋とは？

大腿筋膜張筋は腸脛靭帯をつなぐ筋肉。太ももの外側にあり、O脚などの場合、過剰に動かしているため外ももが張る原因に。また大腿筋膜張筋が張ることでそのまわりの筋肉にも影響を及ぼすのでしっかりほぐしておきましょう。

02

背骨を伸ばしたまま前に上半身を倒す

上半身を股関節から前方に傾けます。背骨が曲がらないように注意しましょう。

03

顔だけひねらずに股関節からひねる

01の体勢に戻り、上半身を左側にひねります。顔だけ左に向けるのではなく、上体からひねりましょう。

NG

背中はまっすぐに骨盤は立てて

⑭ 足首・ヒザ下伸ばし

足首が硬いとヒザを痛めやすく、将来歩行に悪影響が及ぶことも。足首をゆるめてふくらはぎを伸ばせば、柔軟性のある足首とスラリとしたヒザ下に。アキレス腱からヒザ裏までよく伸びていることを感じましょう。

こんな症状におすすめ 足首の痛みや違和感、X脚、O脚、XO脚、ヒザ痛

期待できる効果 キュッと細い足首に、ふくらはぎの張り改善、足首の柔軟性アップ

《目標回数》
左右各10秒ずつ

NG

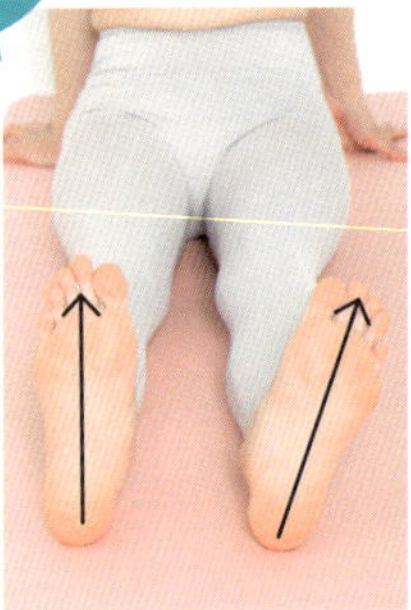

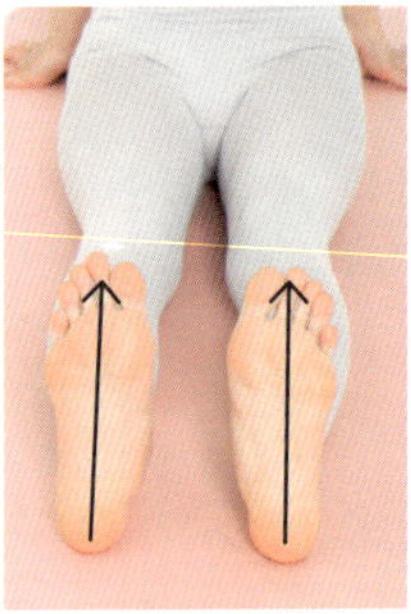

体の歪みによって、親指と人差し指が外側や内側にねじれています。

左右差チェック

足首の角度や足指の位置で歪みを確認

床に座り足首を曲げたとき、足首を曲げにくいほうや、親指と人差指しがヒザの直線上にないほうを重点的に行います。

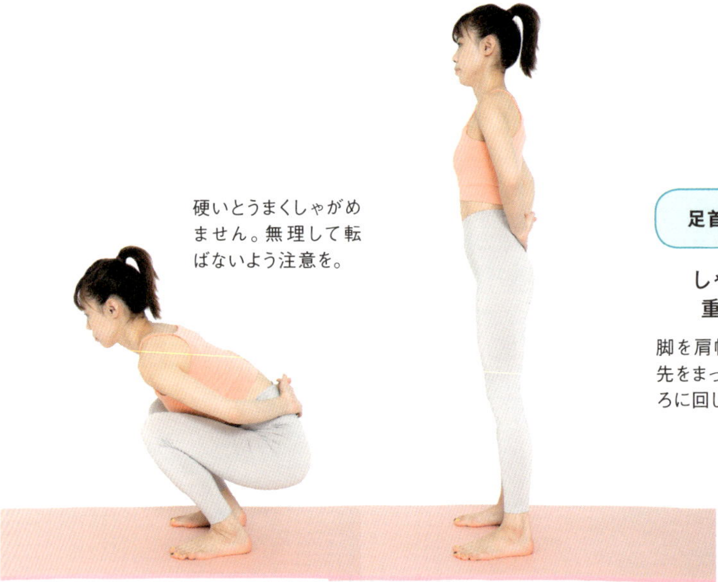

硬いとうまくしゃがめません。無理して転ばないよう注意を。

足首の硬さチェック

しゃがめない人は重点的に行って

脚を肩幅に開いて立ち、つま先をまっすぐ前に向け、手を後ろに回してしゃがみます。

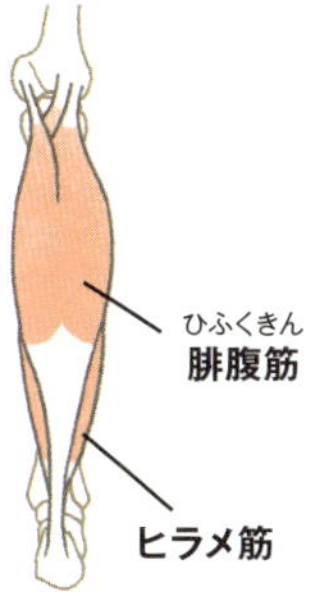

下《か》腿《たい》三《さん》頭《とう》筋《きん》とは?

下腿三頭筋とは腓腹筋（外側頭・内側頭）、ヒラメ筋から構成される筋肉です。腓腹筋は浅層にあり、つま先を伸ばす運動やヒザを曲げる運動に関係します。ヒラメ筋も腓腹筋と同じくつま先の運動に力を発揮します。

01

片脚を前に出し つま先を上げる

脚を肩幅に開いてまっすぐ立ち、ストレッチする脚を一歩前に出し、つま先を天井方向へ上げます。反対側の脚は一歩引きます。前に出しづらいほうの脚を重点的にストレッチを。

02

胸を張りふくらはぎと もも裏の伸びを感じて

息を吐きながら、ゆっくり上半身を股関節から前に倒していきます。背中が曲がらないように注意しましょう。

NG

背中を丸めて
しまうのはＮＧ

骨盤は正面を向いた
ままをキープ

⑮ 足裏リセット

アーチが崩れると足首にある距骨が歪み、体の重心が崩れてヒザの痛み、股関節の痛みや違和感、脚の歪みのO・X・XO脚の原因になります。足裏全体に均等に体重がかかるように足裏のアーチを整えていくことで余分な部位に筋肉の張りがつかず、スラリとした美脚になります。

こんな症状におすすめ 脚の歪み全般、脚の長さの歪み、ヒザの痛み、股関節の痛み、太ももの外張り、ふくらはぎの張り

期待できる効果 股関節の可動性アップ、足首の可動性アップ、ふくらはぎの張り改善

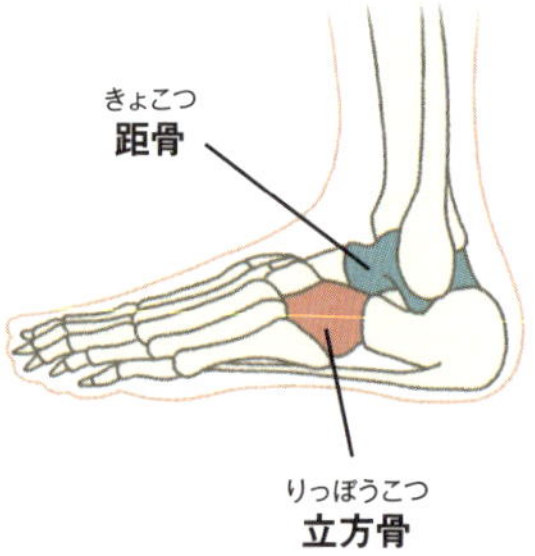

距骨と立方骨とは？

距骨は足首にある小さな骨で、足の外側にある立方骨とともに、全身のバランスを取るのに大切な役割をもっています。

《目標回数》
気持ちよくほぐれる程度

01

足の指を引っ張り伸ばして開く

隣り合わせの足の指を1本ずつ、前とに後ろ交互に引っ張って、しっかり開きます。

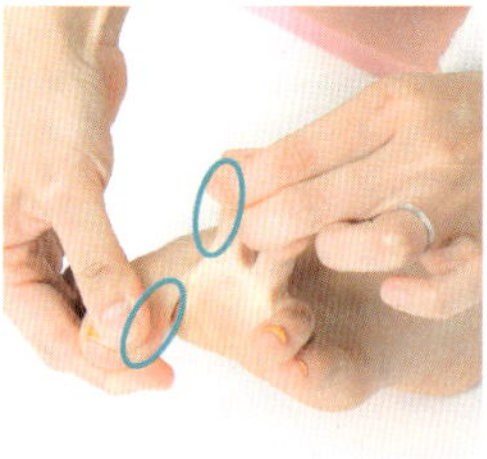

02

指の股のこりもきちんとほぐす

足の指の股の部分を、両手の親指でじっくりとほぐして、指の可動域を広げます。

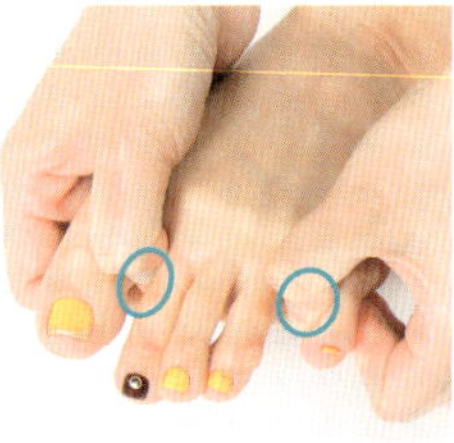

03

指の関節の詰まりをゆるめる

靴の中で窮屈な状態になる指の関節は詰まりがち。手の指をひっかけてほぐしましょう。

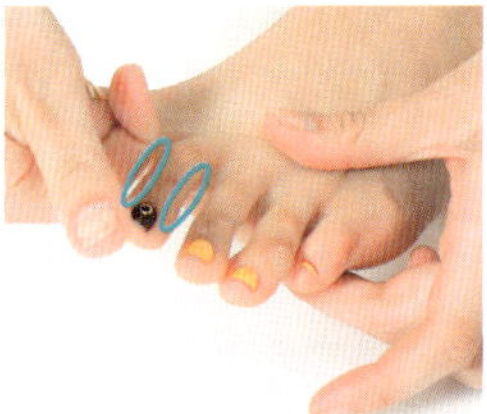

04

ゴルフボールを当て軽くほぐしてもOK

足裏のくぼんだ部分からつちふまずまで、両手の親指を当ててゆらしながらほぐします。

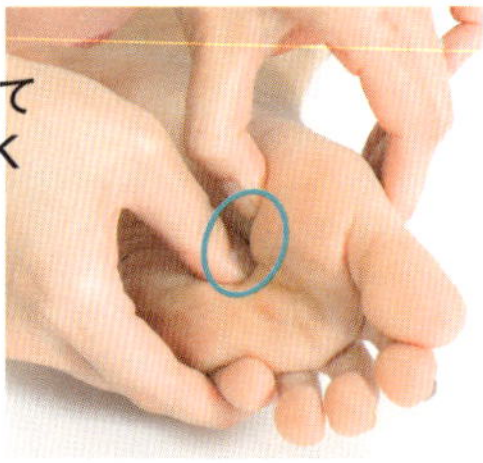

Chapter

03

1週間プログラム

1 week program

ウォーミングアップで体が整ったら、いよいよ本格的なトレーニングのスタートです。1日1パーツずつ、1週間続けて1セットとし、それを3回繰り返すプログラムで、理想のボディラインを手に入れましょう!

1 week program

1週間プログラムを3サイクルで すっきり整った しなやかボディへ

効率よく鍛えて3週間後には理想のボディラインを実現しましょう!

全身の筋肉はつながっているため、脚やせ・お腹やせには脚やお腹まわりだけでなく、全身をバランスよく鍛える必要があります。そこで、1週間で全身を鍛え、かつ3週間で成果が出るプログラムを考案しました。

また、歪みを整える「骨格リセット」をしてからトレーニングすることで、より高い効果が期待できます。

ただ、全身の歪みはすぐには治らないので、左右で得意なほうや、やりやすい動きばかりを行いがちに。ですが、そうした偏ったトレーニングを続けていると、バランスがますます崩れてしまう恐れがあります。

そのため、まず自分の骨格や筋肉のつき方をしっかり見極めて理解し、不得意なほうややりにくい動きを多めに行うようにしてください。

1週間プログラムの使い方

1 骨格リセットで体を整えてからスタート

骨格が歪んでいると、その上についている筋肉や脂肪のつき方が変わってきます。しっかり骨と筋肉の歪みをリセットしてから、トレーニングを行いましょう。

2 1日1パーツを集中的に行うことで効果を高める

毎日違うトレーニングを3週間続けるとなると、トレーニングの種類が多すぎて途中で息切れしてしまう可能性も。そのため、1日1パーツだけに集中し、効果を高めます。

3 1週間で全身をトレーニングして、一生モノのやせ体質に

毎日違ったパーツをトレーニングするので、1週間続けるとバランスよく全身を鍛えることになります。その結果、自然と脚とお腹もやせていくプログラムになっています。

4 呼吸は止めないで、正しい呼吸で行う

トレーニングのポーズをとることに真剣になりすぎ、呼吸を止めてしまうのはNG。「吐く」「吸う」と指定がある場合はきちんと守り、指定がない場合は呼吸を止めないよう意識を！

5 余裕があれば数日分まとめて行ってもOK

1日分のトレーニングの後に、まだまだ余裕があるという方は、数日分をまとめて行ってもかまいません。ただしその場合も、トレーニングの順番は守ってください。

6 プログラム3回分＝3週間で成果が見込める

1日のトレーニング量はさほど多くありませんが、毎日続けることでしっかり鍛えることができるプログラムになっています。そのため、たった3週間で成果が見込めるのです。

1日目の動画は
コチラ！

《目標回数》
10秒 × 3回

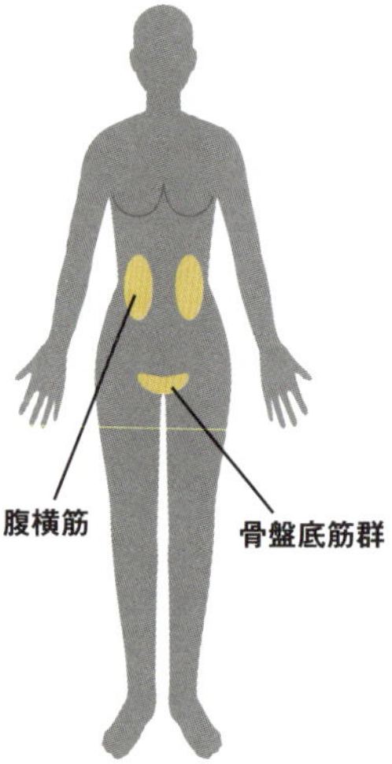

＼ まずは呼吸から ／

お腹まわり

を集中トレーニング

1日目×トレーニング①

このプログラムは、体を支える筋肉が集まっているお腹まわりのトレーニングからスタートします。そうすることで、体がしっかり支えられ、ケガや痛みの予防にもなります。

こんな症状におすすめ

反り腰、ぽっこり下腹、腰痛

期待できる効果

下腹部やせ、前ももの張り改善

01

息を吸いながら
腕を頭上に伸ばす

仰向けに寝て手を開きながら息を吸い、両腕を頭の上の方向に伸ばします。

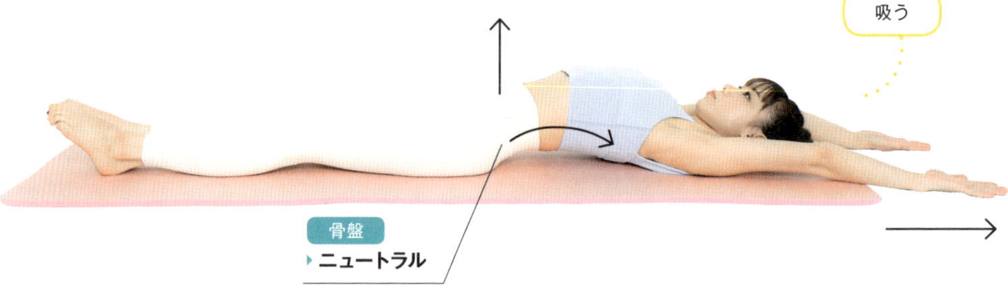

miey's advice

猫の手にするのは、手の関節を曲げると脳が反応し腰椎が曲がりやすくなるように信号を送ります。背中が床につかない人は、前もものストレッチを増やして。02で内ももをグッと締めると、内もものトレーニングにもなります

NG

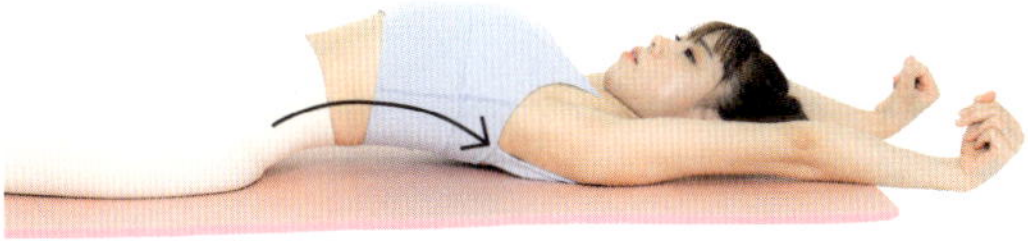

息を吐くときに背中を反らしたり、アゴが上がったりすると、下腹部に力がかかりません。

02

息を吐きながら下腹部を意識する

手を猫の手のように軽くにぎり、息を深く吐いておへそが背骨に近づくイメージで下腹部に力が入るのを感じましょう。

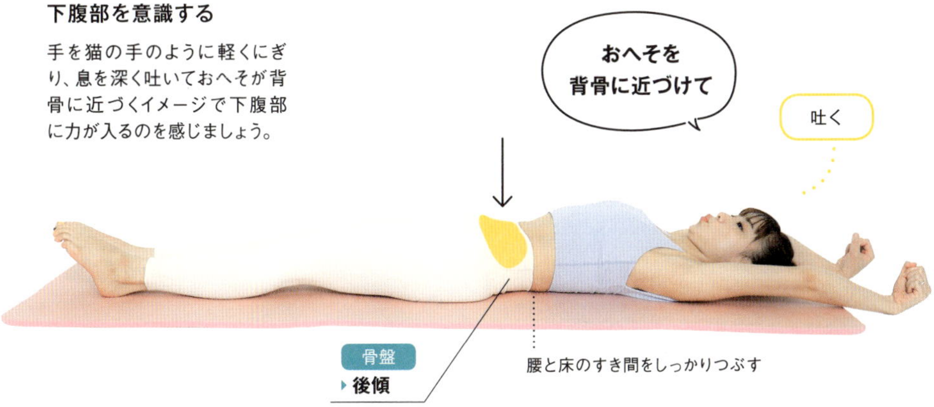
おへそを背骨に近づけて
吐く
骨盤
後傾
腰と床のすき間をしっかりつぶす

《目標回数》
10回 × 2セット

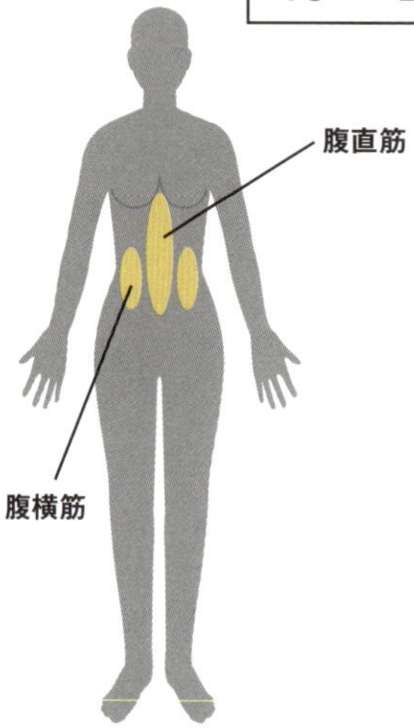

＼ まずは呼吸から ／

お腹まわり

を集中トレーニング

1日目×トレーニング②

下腹部の次は上腹部をトレーニングします。体を起こしながら横隔膜を閉じ、肩甲骨を開いて、インナーマッスルの腹横筋とアウターマッスルの腹直筋上部を一緒に鍛えます。

こんな症状におすすめ　腰痛

期待できる効果　肋骨を締める、お腹全体を引き締める、背骨の柔軟性アップ

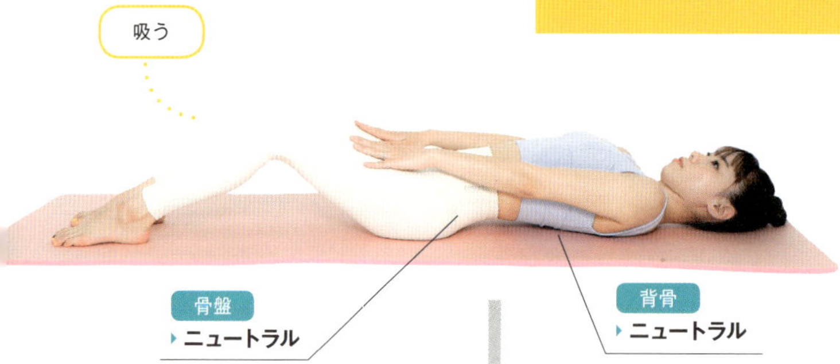

01

ヒザを軽く曲げて手は前ももに置く

仰向けに寝てアゴを引き、ヒザを軽く曲げたら、息を吸いながらヒジを伸ばして、前ももに手を置きます。

02

背骨を一つずつ丸めるイメージで

息を吐きながら、背骨を一度床につけた後、ゆっくり丸め、両手をヒザにスライドさせながら体を起こします。

miey's advice

体を起こしていくとき、おへそをのぞき込むようにしましょう。背骨を1個ずつ動かして丸めていくイメージです

初心者さんはこれからトライ！

起き上がれるところまででOK!

NG

アゴを上げると、首を痛める原因に。

03

骨盤を立てて腕はまっすぐ前に

骨盤をしっかり立てたまま上体をまっすぐ起こし、腕は前へ伸ばします。ゆっくりと01の姿勢に戻りましょう。

《目標回数》
左右交互10回 ×3セット

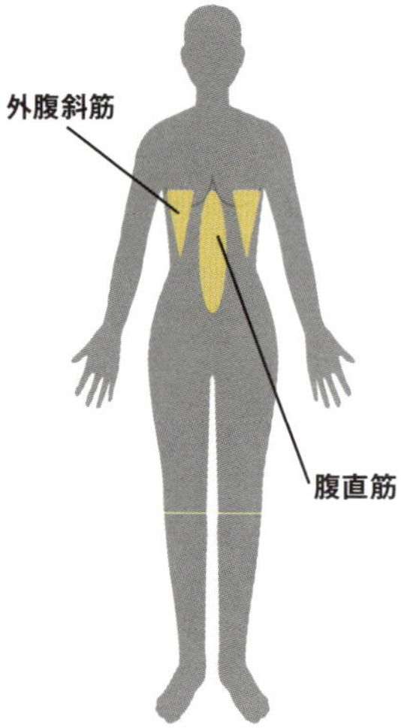

\ まずは呼吸から /

お腹まわり

を集中トレーニング

1日目×トレーニング③

ぺたんこお腹のためには、脇腹のトレーニングも必須です。下半身に力を入れたまま脚を上げ、上半身をひねるのがポイントで、ウエストもキュッと締まっていきます！

期待できる効果　肋骨を締める、くびれをつくる、体幹強化

01

息を吐きながら
腰を床にくっつける

仰向けの状態で、手を頭の後ろへ。両ヒザをそろえて立てます。息を吐きながら、腰と床のすき間をつぶすイメージで下腹部に力を入れます。

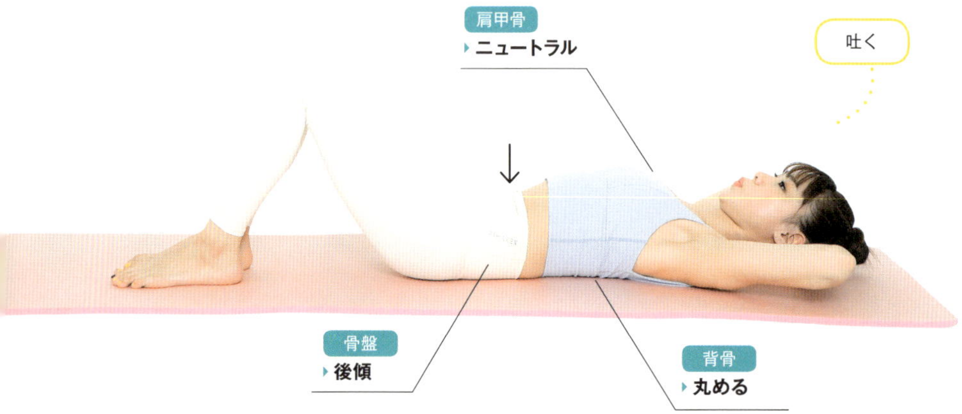

miey's advice

脚を片脚ずつ上げるのは、腰部への負荷を減らすためです。上半身をひねるときは、しっかり胸からひねるよう意識して、目線は斜め下の床に向けましょう

NG

首だけをひねってしまうと、
首を痛める原因に。

02

下腹部に力を入れたまま脚と頭を上げる

息を一度吸って、吐きながら片脚ずつ上げます。頭はおへそをのぞき込むように上げましょう。

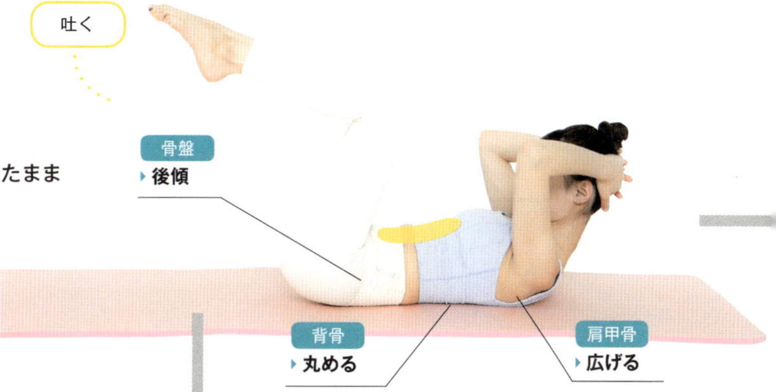

03

上半身は胸からしっかりねじる

左脚はそのままで右脚を前に伸ばし、上半身を左にひねります。続けて左右を入れ替えます。

02に戻るときに
息を吸って

＼まずは呼吸から／

お腹まわり

を集中トレーニング

1日目×トレーニング④

お腹まわりの最後は、脇腹の内腹斜筋と腰方形筋のトレーニングです。外腹斜筋も一緒に鍛えるのでウエストは引き締まり、4つのトレーニングでお腹まわり全体がスッキリします。

期待できる効果　くびれをつくる、脇腹を引き締める、腰肉を引き締める

《目標回数》
左右10回 ×2セット

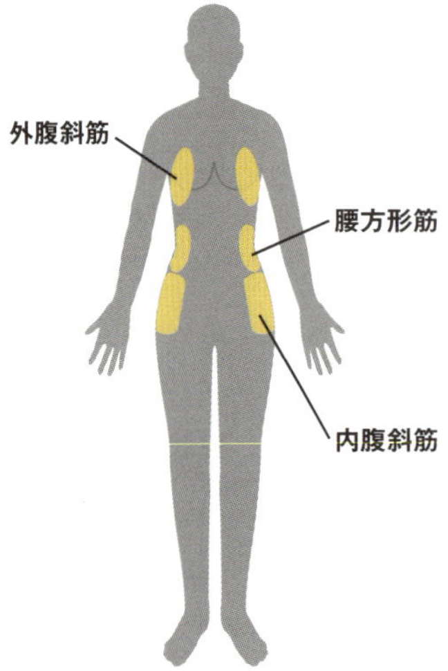

01

**横向きに寝て
体は一直線に伸ばす**

肩から腰、脚までを一直線にして横向きに寝た姿勢に。右ヒジを立てて右手で頭を支え、左手は胸の前に置きます。

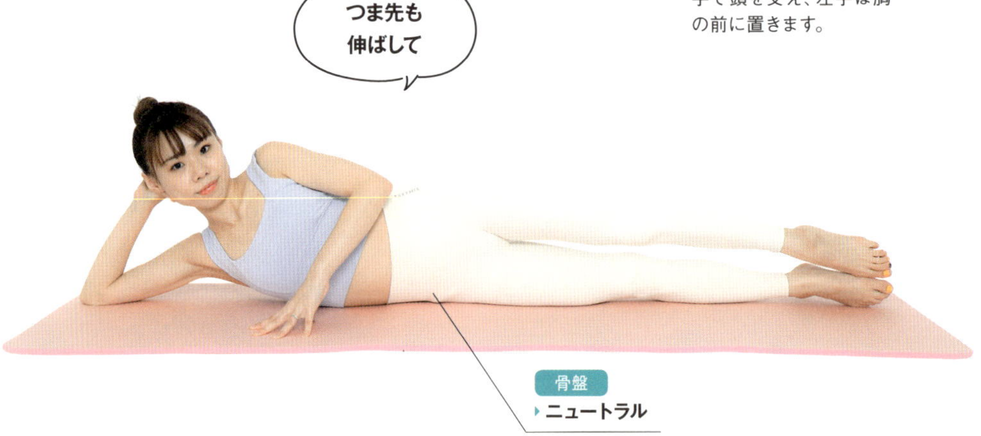

miey's advice

体を一直線にするとき、腰は反らせるのではなく、少し丸めるように意識しましょう。
そうすることできちんと脇腹に力がかかるだけでなく、腰痛の予防にもなります

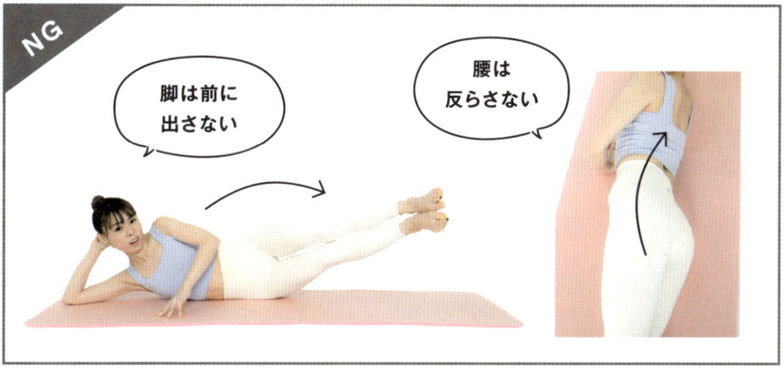

02 脚を少し後ろに引いて天井方向に上げる

息を一度吸い、吐きながら両脚をそろえて天井方向に上げて、下ろします。10回×2セットを終えたら、左右を入れ替えます。

2日目の動画は
コチラ！

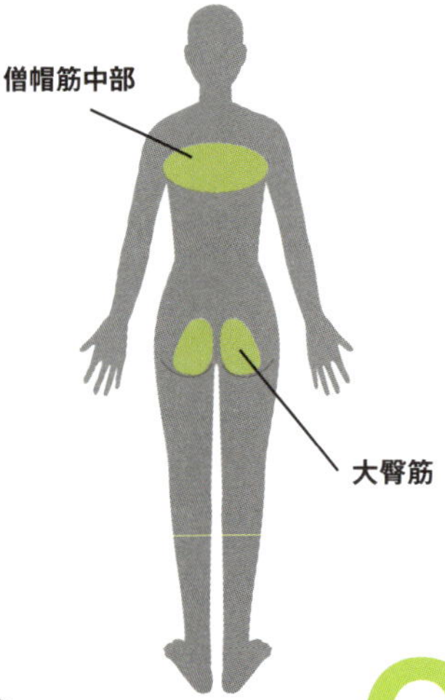

＼後ろ姿美人へ／

背中

を集中トレーニング

2日目×トレーニング①

プログラムの2日目は、お腹まわりと同じく、体を支える筋肉が集まる背中をトレーニングします。背中の柔軟性がアップし、首や肩のこりや腰痛も改善します。

こんな症状におすすめ　**猫背、肩こり**

期待できる効果　**ヒップアップ、背中引き締め**

01 お尻の穴を締めて まっすぐ立つ

脚の付け根にボールや丸めたタオルを挟み、かかとをつけてつま先を外に向け、アゴを引いて立ちます。

《目標回数》
左右交互10回
×2セット

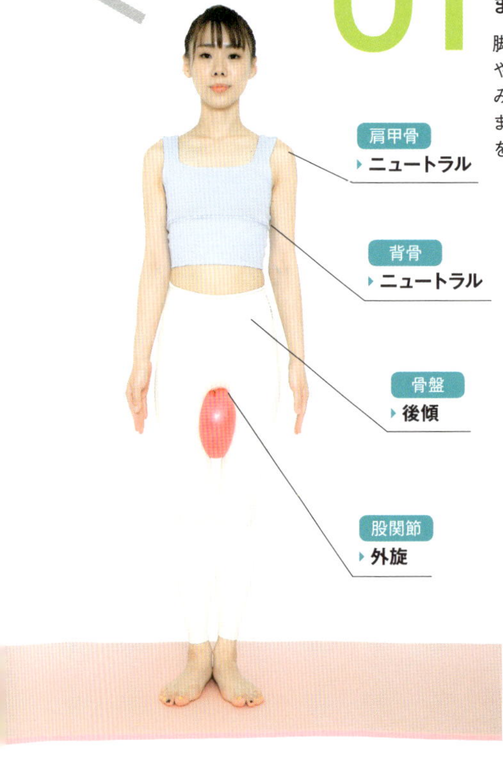

アゴを上げると僧帽筋に力がかからないので、アゴを引いて頭が前に出ないように注意を。

miey's advice

肩甲骨を下げて内に寄せつつ肩甲骨から片腕を大きく開きましょう。胸は軽く張り、目線は前方少し上を見るようにしてください

02

骨盤は立てたまま前へならえの体勢に

肩甲骨をグッと下げながら、親指を上にして前へならえの体勢をとります。耳と肩を離すイメージで！

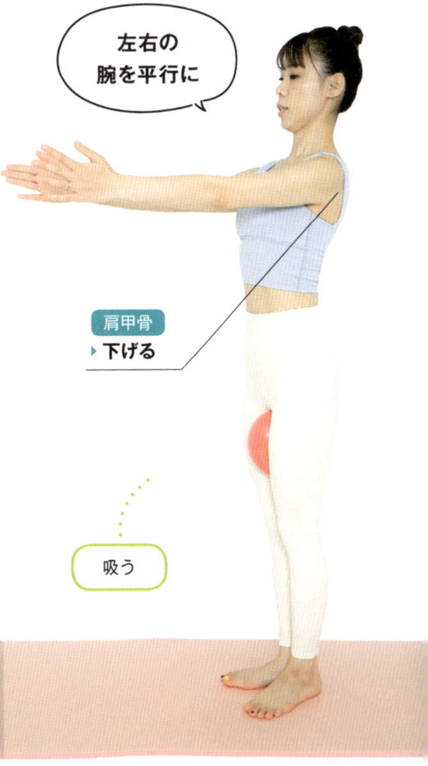

03

下げた肩甲骨を寄せながら腕を開く

左腕を体の真横まで開いて元に戻し、右腕も同様に行います。左右交互に10回×2セット繰り返します。

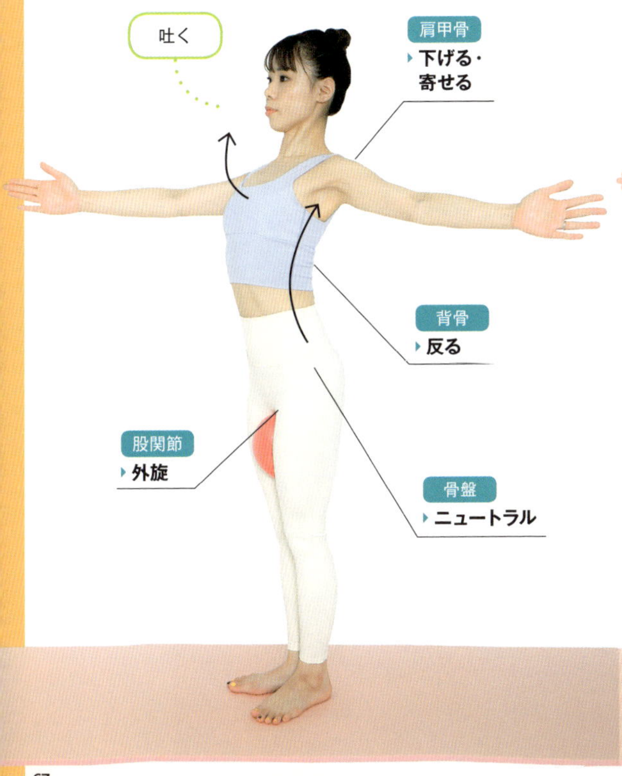

＼後ろ姿美人へ／

背中

を集中トレーニング

2日目×トレーニング②

基本姿勢は前のトレーニングの02と同じですが、腕の動かし方を変えて、僧帽筋の中部ではなく下部を鍛えます。

こんな症状におすすめ　猫背、肩こり

期待できる効果　ヒップアップ、背中引き締め

《目標回数》
左右交互**10**回
×**2**セット

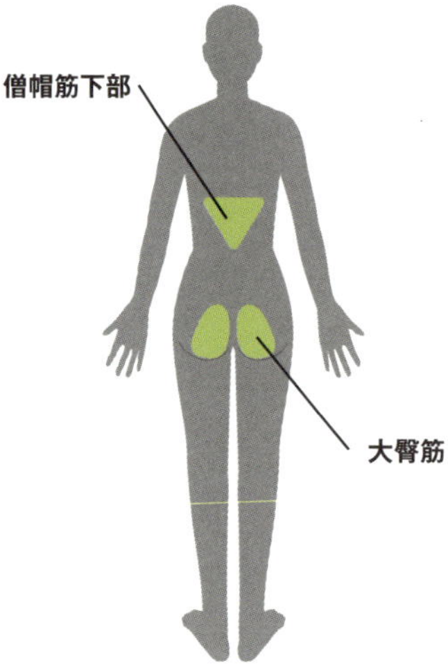

01

アゴを引き頭が前に出ないよう注意

肩甲骨を下げ、親指を上にして前へならえの体勢でまっすぐ立ちます。

miey's advice

耳の後ろ側まで腕が上がらない人は最初から無理をしなくてOKです。それよりも肩が上がらないように意識しましょう!

NG

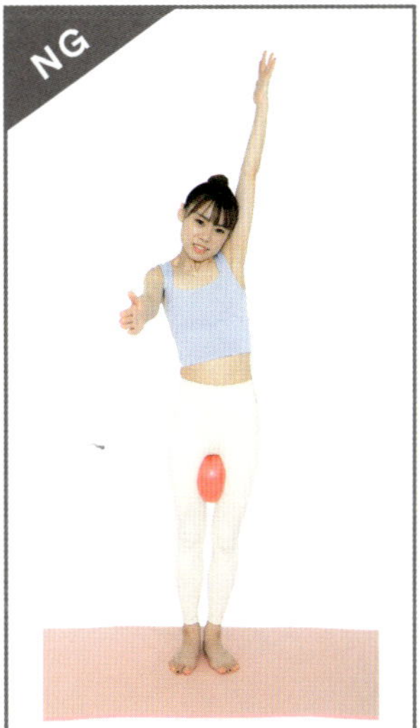

腕が上がらないからと、肩まで上げてしまわないように。肩甲骨が上がり効果が得られません。

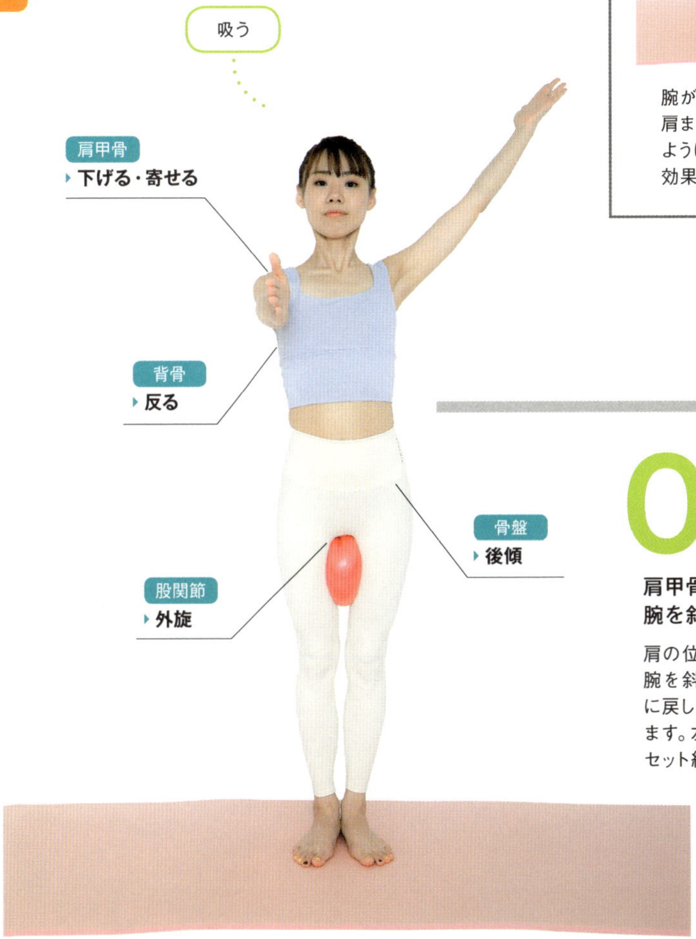

02

肩甲骨を寄せて腕を斜め後ろに伸ばす

肩の位置はそのままで、左腕を斜め後ろに上げて元に戻し、右腕も同様に行います。左右交互に10回、2セット繰り返します。

《目標回数》
10回 × 2セット

＼後ろ姿美人へ／

背中

を集中トレーニング

2日目×トレーニング③

背中のトレーニングの最後は、僧帽筋中部・下部とあわせて、脊柱起立筋を鍛えます。しっかり鍛えれば、背すじがピンと伸びた若々しい姿勢も保てます！

こんな症状におすすめ　猫背、肩こり

期待できる効果　ヒップアップ、背中引き締め

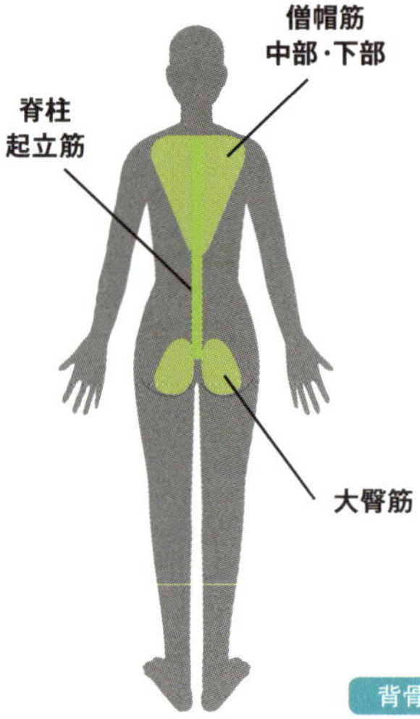

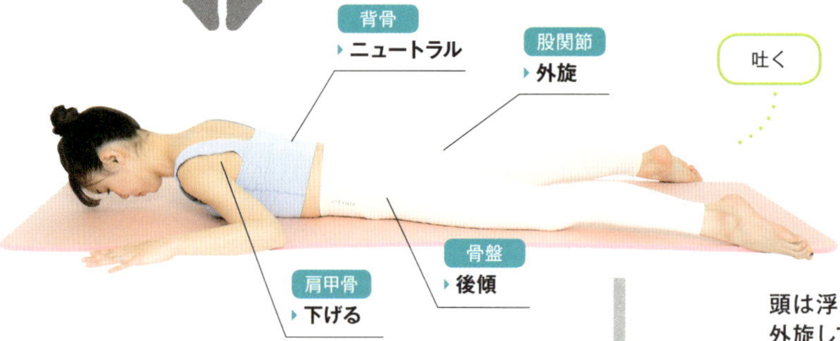

01

頭は浮かせたまま脚を外旋して横に開く

うつぶせになり、恥骨をしっかりマットにつけてお尻の穴を締め、脚は外旋させて肩幅の約1.5倍に開きます。アゴは少し浮かせて引きます。

02

お腹を床から離さずに上半身を反らしていく

ヒジで床を押し、お腹に力を入れて床につけたまま、お尻にも力を入れて上半身を反らします。

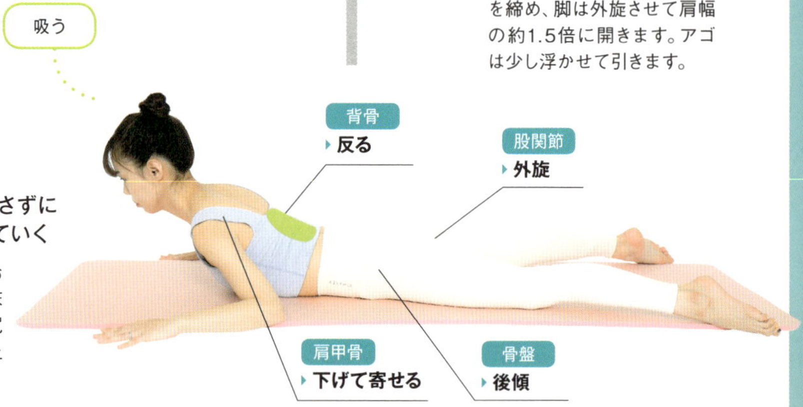

miey's advice

脚はかかとを内側にひねるようにして外旋させます。体を起こすときは肩甲骨は下げて寄せ、お腹・お尻に力を入れて床に押しつけておかないと、背中が鍛えられないばかりか、腰を痛める原因に！

NG

アゴを上げたり、腰から反らしたりすると、腰の痛みにつながります。

03

上半身はそのまま床からヒジを離す

上半身を反らしたまま、両手の指を耳の後ろに添えます。

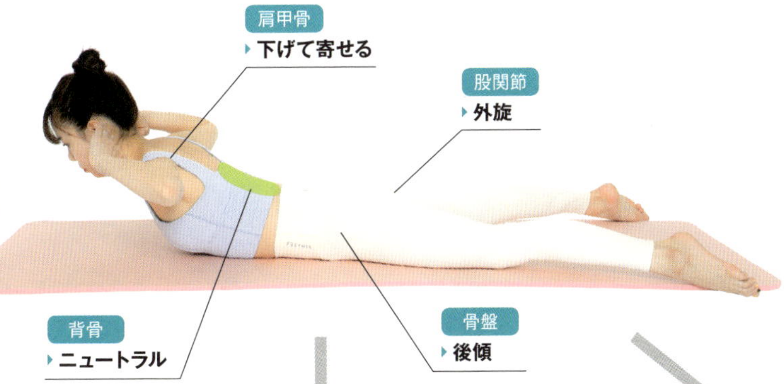

04

両腕を後ろへ伸ばす

外ももをタッチするように両手を後ろへ伸ばし、03の姿勢へ戻します。呼吸を止めずに行いましょう。

＼ キュッと上げよう ／

お尻

を集中トレーニング

3日目×トレーニング①

3日目はお尻のトレーニングを行います。まずは、お尻の深いところにある深層外旋六筋をトレーニングし、そこにつながっている股関節の柔軟性を取り戻しましょう。

こんな症状におすすめ　O脚、X脚、XO脚

期待できる効果　ヒップアップ、股関節の柔軟性アップ

3日目の動画はコチラ!

《目標回数》
片脚ずつ各20回

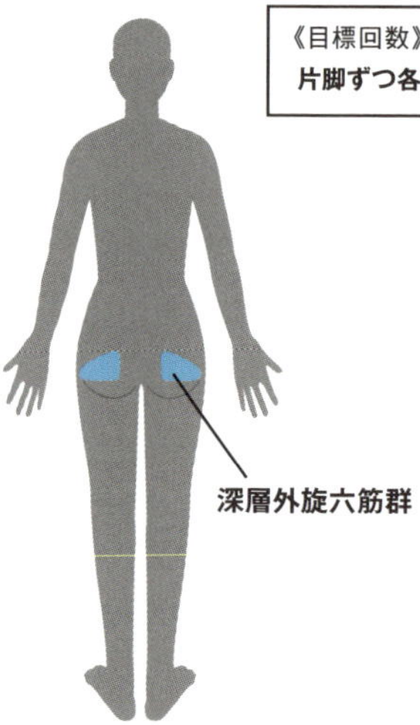

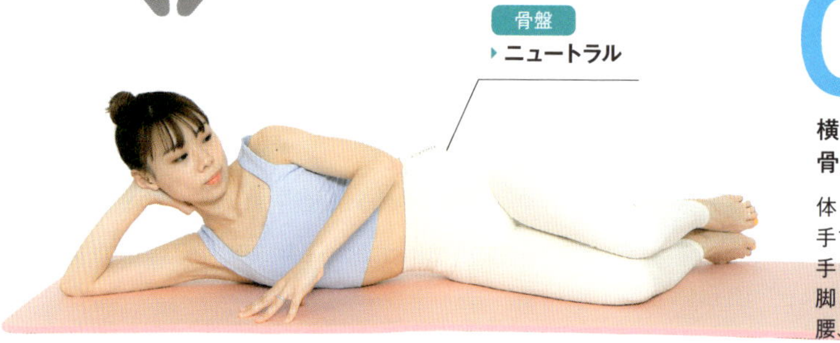

01

横たわってヒザを曲げ骨盤は立てたままに

体を横たえたら、片方の手で頭を支え、もう片方の手は胸の前に置きます。脚はヒザを曲げて、肩、腰、かかとが一直線になるようにセットします。

02

脚をそろえてヒザ下を上げる

ヒザはマットにつけたまま、ヒザ下を天井方向に上げます。息を吸って準備!

miey's advice

股関節を柔軟にすると脚の歪みも解消される上に、やせやすい体質になり、様々な体の不調も改善してくれます

NG

骨盤が後ろに倒れてしまうのはNG。

03 骨盤を動かさないように上側の脚を開く

息を吐きながら、上側の脚を開きます。骨盤は体に対して垂直に立て、傾かないよう注意。もう片方の脚も同様に行います。

しっかり股関節を開いて!

＼ キュッと上げよう ／

お尻

を集中トレーニング

3日目×トレーニング②

《目標回数》
50回

骨盤底筋群やその周りの筋肉を鍛えてしなやかにしましょう。これで、美脚へ一歩近づきます。

こんな症状におすすめ　**骨盤後傾**

期待できる効果　**ヒップアップ、脚やせ、骨盤底筋群の強化**

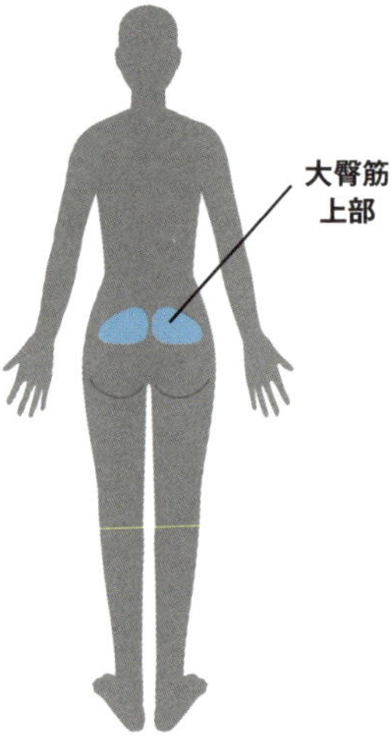

01 腰は丸めて床につけ股関節を伸ばしていく

仰向けになり、ヒザを曲げて外側に開きます。息を吐きながら腰をしっかり床に押しつけ、股関節をゆっくり伸ばします。

miey's advice

ヒザが開かない人は、股関節が硬くなっている証拠。しっかりお尻のストレッチをして、ヒザが開くよう頑張りましょう!

NG

腰を反らして上げると腰に負担がかかり、お尻のトレーニングではなく、腰のトレーニングになってしまいます。

02 床に向かってヒザを開きながら腰を反らさずお尻をアップ

ヒザをしっかり開いたまま、息を吐き、お尻を軽く上げます。お尻をゆるめる・締めるのイメージで上げ下げを繰り返します。

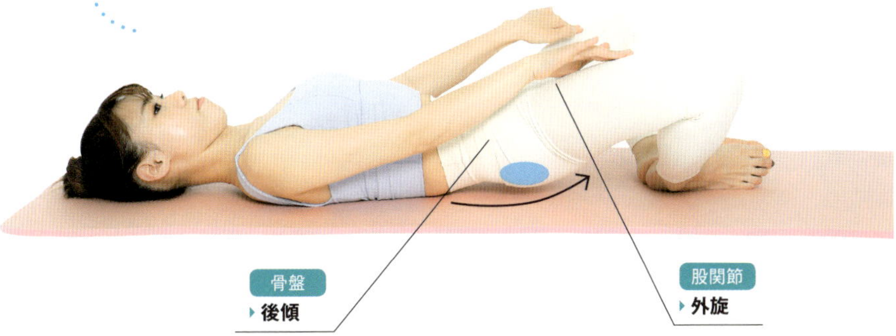
吐く
お尻を高く
上げすぎなくてOK!

《目標回数》
左右交互**10**回
×**2**セット

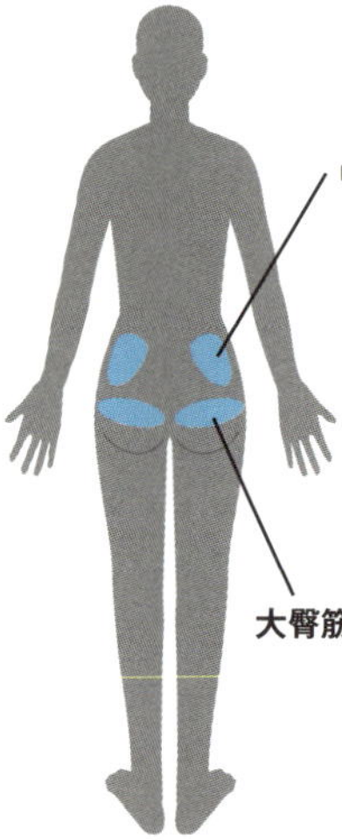

\ キュッと上げよう /

お尻

を集中トレーニング

3日目×トレーニング③

お尻の最後のトレーニングは、うつぶせで行うエクササイズです。この3つのトレーニングのおかげで、プリッと上がった丸いお尻に一歩近づきます!

こんな症状におすすめ　**骨盤後傾（スウェイバック）**

期待できる効果　**ヒップアップ、脚やせ、骨盤底筋群強化**

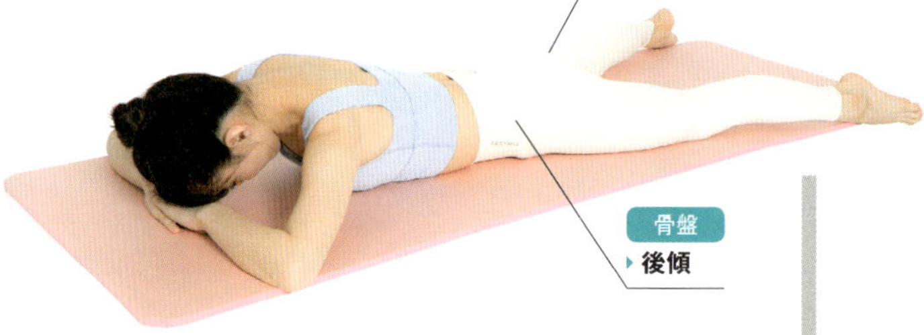

01

手におでこを乗せて
恥骨を床に押しつける

うつぶせになり、恥骨をしっかり床につけ、お尻の穴を締めます。両手は重ねておでこを乗せ、脚は肩幅の約1.5倍に広げます。

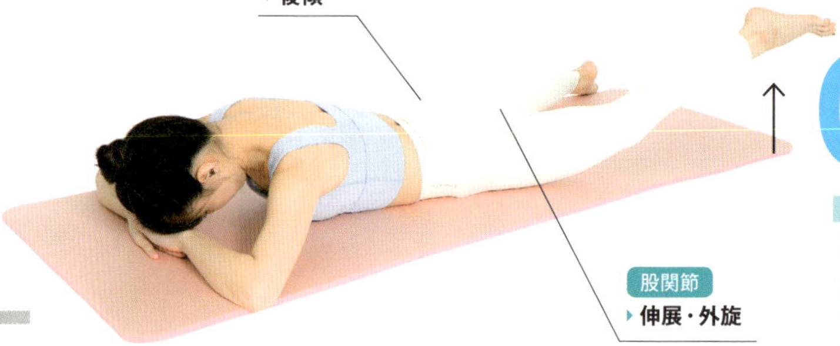

02

床に恥骨をつけたまま
片脚をゆっくり上げる

恥骨を床につけたまま息を吐き、左脚を天井方向に上げます。ヒザは軽く曲げましょう。

miey's advice

脚を無理に上げようとするとアゴが上がりやすく、骨盤が前傾してしまうので注意を。恥骨はしっかり床につけ、鼠蹊部が開かないように脚を上げましょう。脚がうまく上がらない方も、最初は数cmで構いません

NG

脚を高く上げようとして鼠蹊部《そけいぶ》が開いてしまうのはNG。

アゴを上げると腰に負担がかかってしまうのでNG。

03

お尻に力を入れて上げた脚を横に開く

左脚を上げたままゆっくり横に開いたら、01の状態に戻します。左右交互に10回繰り返しましょう。

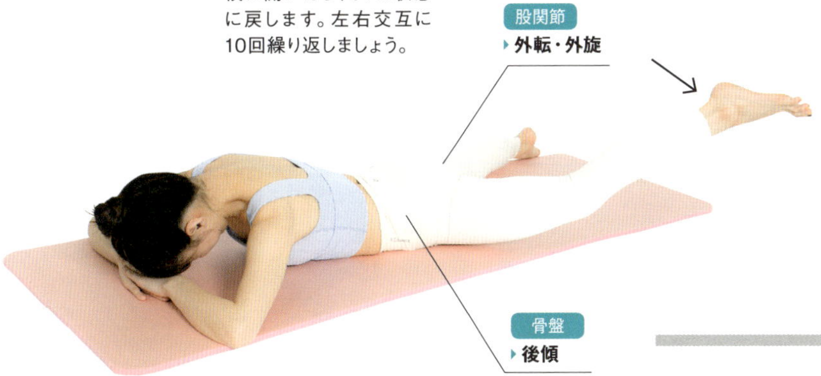

4日目の動画は
コチラ！

《目標回数》
50回

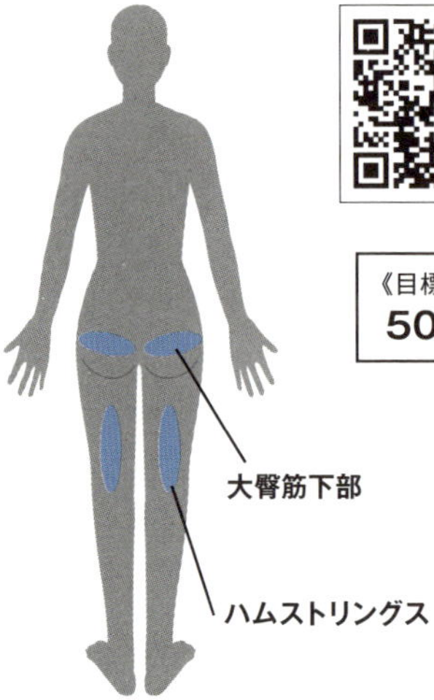

＼すっきり美脚を目指して／

脚

を集中トレーニング

4日目×トレーニング①

まずは脚につながる大臀筋の下部と、
もも裏のハムストリングスにしっかり
力をかけて、引き締めていきましょう。

こんな症状におすすめ　反り腰、骨盤後傾（スウェイバック）

期待できる効果　ヒップアップ、脚やせ、骨盤底筋群強化

01 ヒザを立てて寝て かかとはヒザの真下に

脚の間にフィットネスボールや丸めたタオルを挟み、ヒザの真下にかかとを置いて仰向けになります。

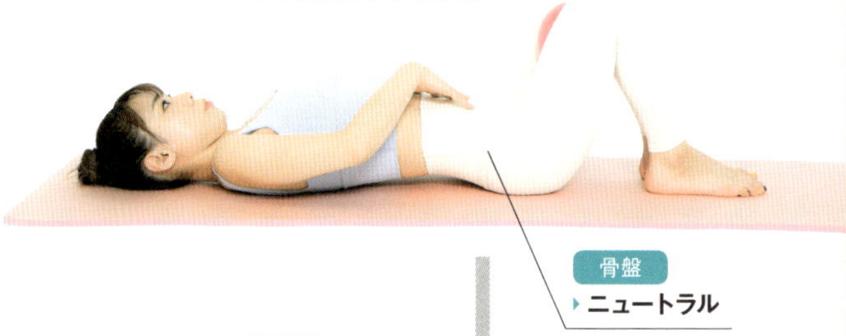

ハムストリングスと大臀筋は運命共同体

大臀筋とハムストリングスは協動で動く協動筋なので、ハムストリングスをしっかりウォーミングアップでほぐしてから（44〜45ページ参照）、このストレッチを行うとより脚やせ効果が期待できます。

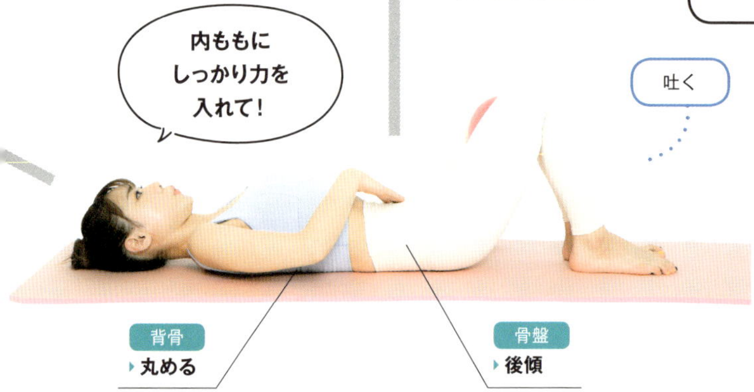

02 背中を床につけて ボールをつぶす

息を吐いて背中を丸めて床につけ、両脚でボールをギュッとつぶします。

miey's advice

ボールやタオルを両脚でつぶすようにすると、力が入れやすくなります。とくにもも裏が硬い人は、しっかりハムストリングスをほぐしてから行ってください

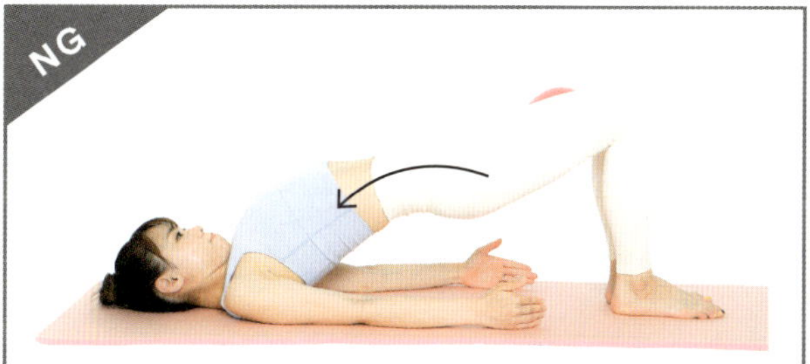

つま先が外に向いたり、腰を反らすのはNG。

03 お尻を上げた状態で お尻の穴を短くゆるめて締める

息を吐きながらお尻の穴を締めて、尾骨から背骨を1つずつ丸めるようなイメージで、お尻を上げます。そのままお尻の穴をゆるめて締めるを短く繰り返しましょう。

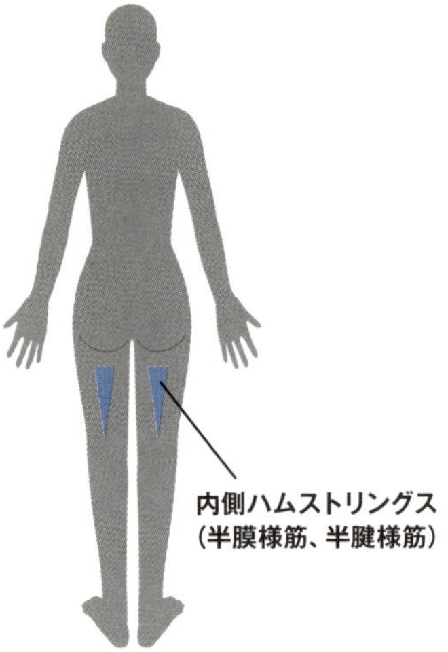

＼すっきり美脚を目指して／

脚

を集中トレーニング

4日目×トレーニング②

もも裏・ハムストリングスの内側の筋肉である半腱様筋と半膜様筋を鍛えます。じんわり力をかけ、脚の歪みを改善します。

こんな症状におすすめ　O脚、X脚、XO脚、ヒザ痛

期待できる効果　脚やせ

《目標回数》
20回×2セット

PART 1
半腱様筋

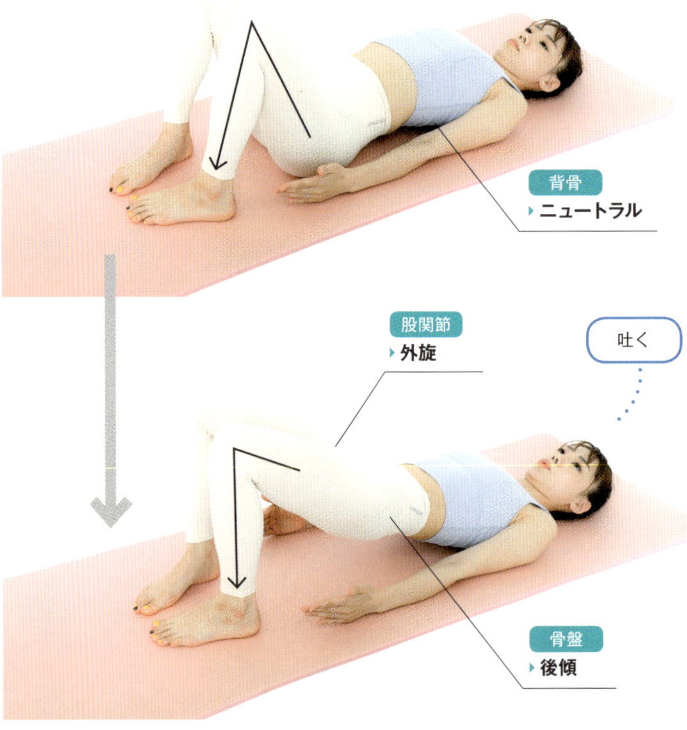

01

つま先を内側に向け ヒザを立てて仰向けに

仰向けになりヒザを立て、つま先を内側に向けます。かかとをヒザの真下に置いたら、ヒザを軽く開きましょう。

02

腰を反らさずに上げ お尻の穴をゆるめて締める

腰を丸めて少し上げ、拇指球で踏ん張ります。そのままお尻の穴をゆるめて締めるを短く繰り返します。

miey's advice

つま先を内側に向けると、ヒザも内側に入りやすくなり、その状態でトレーニングしても効果がありません。ヒザは少し横に開くようなイメージで、しっかり内側ハムストリングスに力が入るのを感じましょう

NG

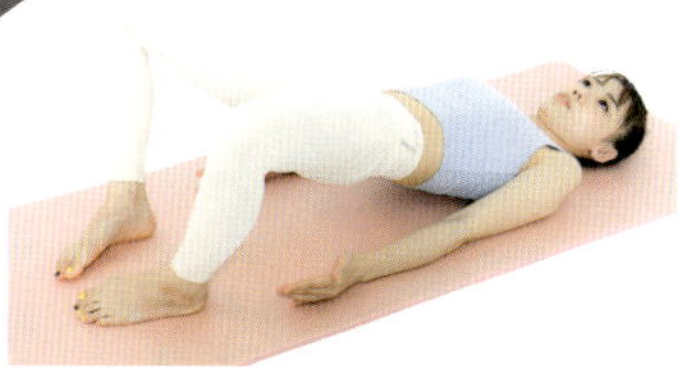

拇指球が浮くと、小指に力が入り横ももに力がかかってパンパンになり、スリムな脚になりません。

《目標回数》
20回×2セット

PART 2
半膜様筋

吸う

01

つま先を遠くに置き ヒザを外側に開く

つま先を内側に向けて遠くに置きます。ヒザが内側に入らないよう内ももに力を入れて、拇指球で踏ん張ります。

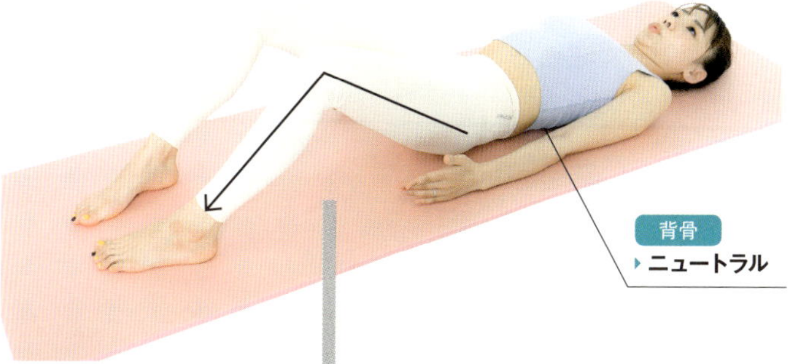

吐く

02

腰を反らさずに上げ お尻の穴をゆるめて締める

PART1と同様に、お尻の穴をゆるめて締めるを小刻みに繰り返します。

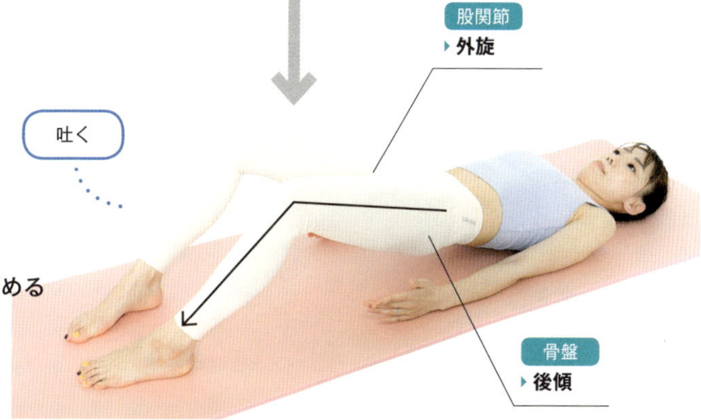

＼すっきり美脚を目指して／

脚

を集中トレーニング

4日目×トレーニング③

《目標回数》
20回 × 1セット

内ももの内転筋群をトレーニングします。この内転筋群は普段あまり使われていないため、脂肪がつきやすいのが難点。しっかり鍛えて、にっくき脂肪を落としましょう!

こんな症状におすすめ　O脚

期待できる効果　内もものシェイプアップ、骨盤底筋群の強化

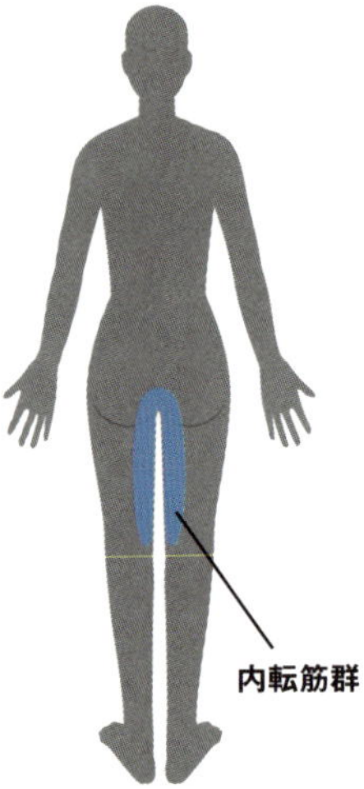

01

上の脚を体の前に倒し
下の脚は内旋させる

横向きに寝て片方の手で頭を支え、もう片方の手を胸の前に置きます。上の脚のヒザを90度に曲げて体の前側に倒します。骨盤が床に対して垂直になるよう、ボールやタオルで上のヒザを支えましょう。下の脚はつま先を内側にクルリと回して内旋させます。

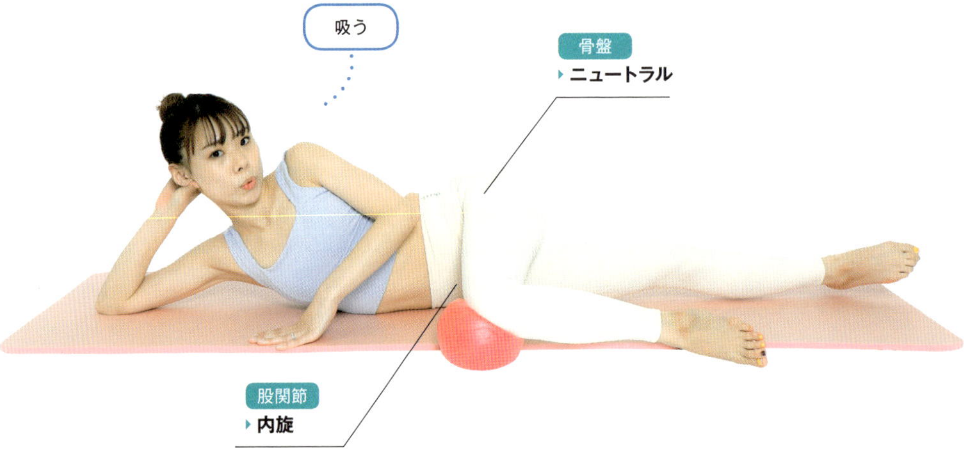

miey's advice

骨盤は床と垂直になるよう、腹筋をつねに意識してください

NG

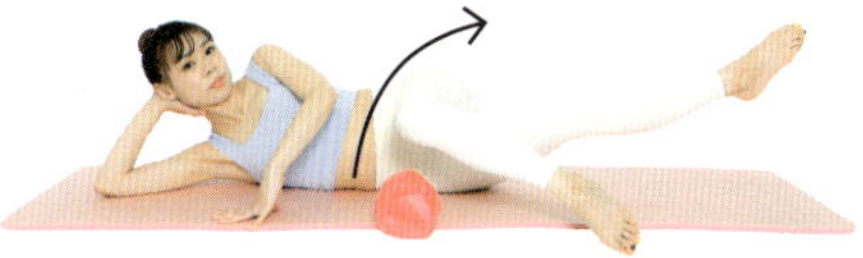

骨盤が後ろに倒れてしまうと、内転筋群にきちんと力がかからなくなってしまいます。

上級者は

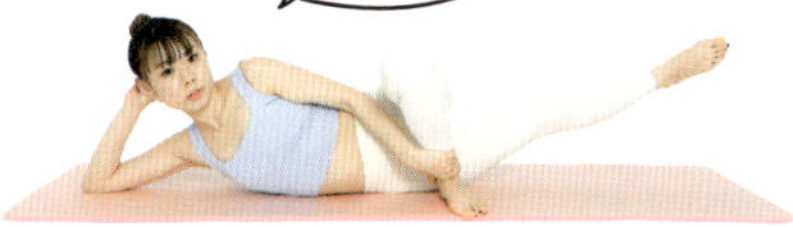

上側の脚のヒザを立てたまま、体の前に脚を置きましょう。骨盤は後傾しないよう床と垂直に。

02 内旋した脚を上げて内ももに刺激を与える

内旋した脚を伸ばしたまま、息を吐いて天井方向に上げましょう。その後、01の状態に戻します。

5日目の動画は
コチラ！

《目標回数》
左右交互10回
×2セット

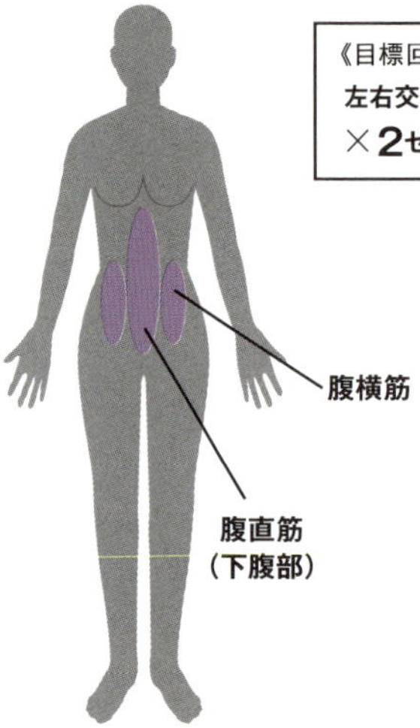

＼ポッコリお腹を撃退！／

お腹まわり

を集中トレーニング

5日目×トレーニング①

5日目は、再びお腹まわりのトレーニングです。1日目よりも負荷がかかるエクササイズになっています。まずは腹横筋のトレーニングから始めましょう。

こんな症状におすすめ　反り腰、猫背、腰痛

期待できる効果　下腹部の引き締め、体幹強化

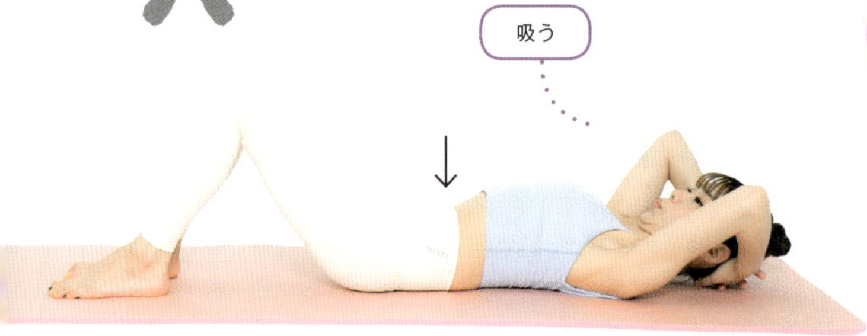

01

仰向けに寝て背中は床に押しつける

仰向けに寝て背中を床につけ、両手は頭の後ろで組み、ヒザを約90度に曲げます。

02

ヒザがお尻の上にくるまで脚を上げる

息を吐きながら片脚ずつ、ゆっくり上げてつま先を伸ばし、両脚をそろえます。

miey's advice

下腹部が弱い人はつま先を床につけなくてもOKです。腰が反らない範囲でおろしましょう

NG

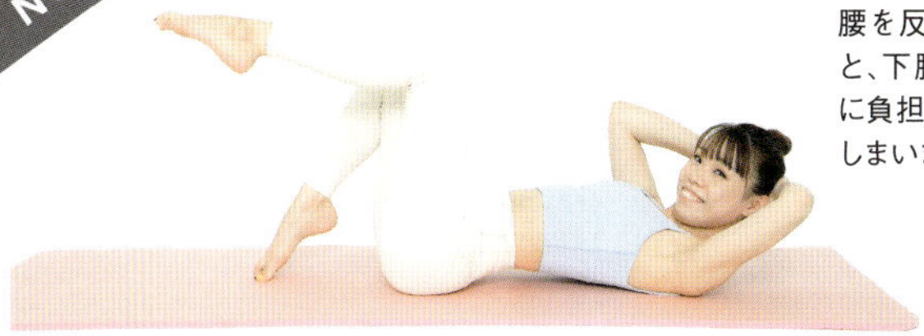

腰を反ってしまうと、下腹部より腰に負担がかかってしまいます。

03

おへそをのぞき込み頭を上げる

息を吐きながら頭を上げ、お腹に力を入れます。ヒジは少し内側にしぼります。

04

ヒザは曲げつま先を伸ばして片脚をおろす

息を吐きながら、右脚を床すれすれまでおろします。03に戻し、左右交互に10回、2セット行います。

《目標回数》
10回×2セット

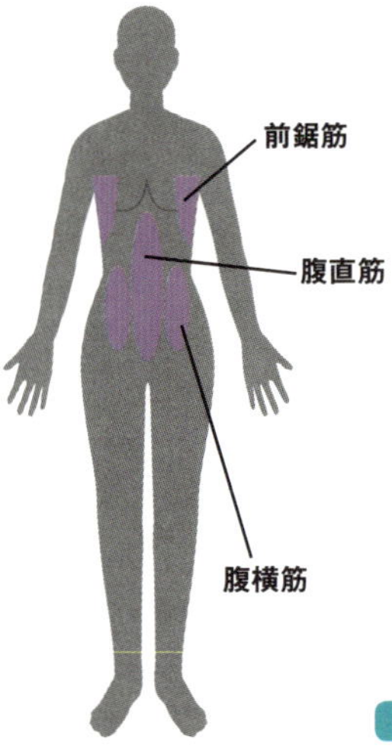

＼ポッコリお腹を撃退！／

お腹まわり

を集中トレーニング

5日目×トレーニング②

プランクと呼ばれるこのエクササイズは上級者向けになります。うまくできない方は無理をせず、これ以外のトレーニングをしっかりこなしてください。

こんな症状におすすめ	反り腰、猫背
期待できる効果	体幹強化、お腹のシェイプアップ、下腹部のシェイプアップ

01

四つん這いになりつま先を立てる

肩の真下に両手を、腰の真下に両ヒザをつきましょう。

吸う

02

ヒザを伸ばして体を一直線にする

息を吸いながらヒザを伸ばしてつま先で立ち、頭、肩、かかとを一直線にします。

miey's advice

体を一直線にしてから(02)、腰を丸めて(03)戻す(02)までを10秒ぐらいかけて、ゆっくり行うのが理想的です

NG

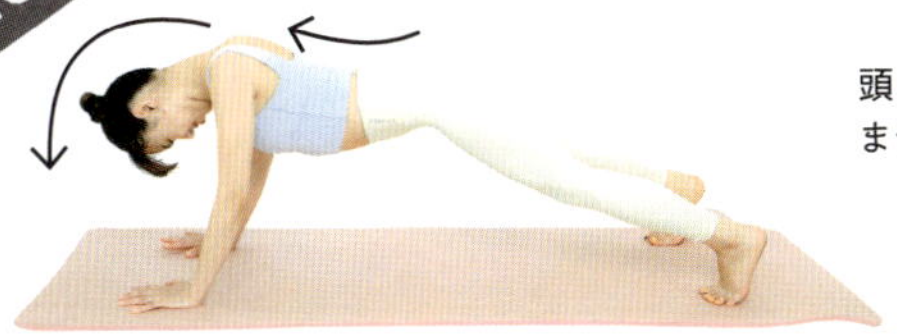

頭が下がってしまうのはNG。

アゴが上がったり、腰が反ったりすると腰痛の原因に。

03

息を吐きながら腰を丸める

息を吐きながら腰を丸めていきます。息を吸いながらゆっくり02の状態に戻し、これを10回繰り返します。

《目標回数》
左右交互**10**回 ×**2**セット

＼ 体幹を整える ／

お腹まわり

を集中トレーニング

5日目×トレーニング③

脇腹を鍛えて、お腹まわりをシェイプ！ ここが締まるとくびれができ、美しい姿勢や腰痛改善にも役立ちます。

期待できる効果 くびれをつくる、お腹のシェイプアップ、下腹部のシェイプアップ、 体幹強化

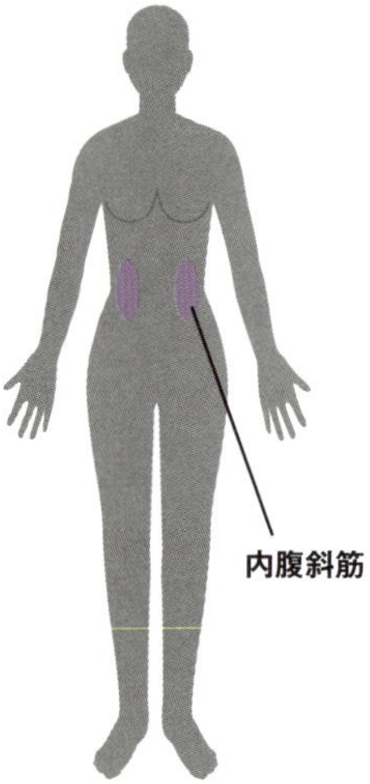

01

骨盤をニュートラルポジションにして立つ

脚を肩幅に開き、頭の後ろに手をそえて立ちます。骨盤はニュートラルポジションに。

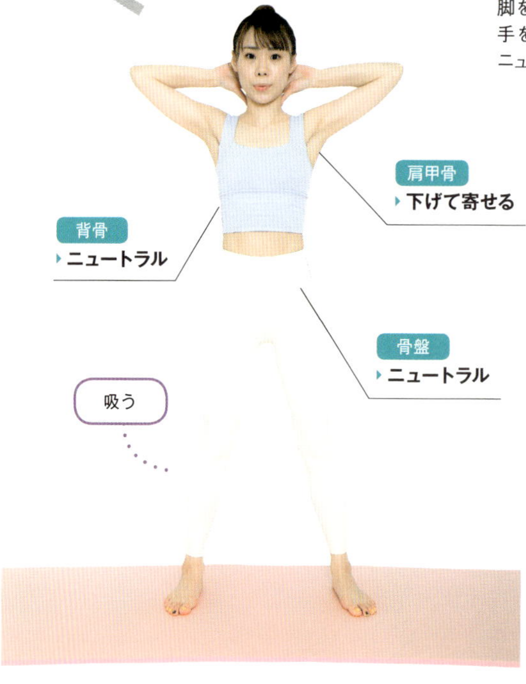

肩が動いてしまわないよう注意。

miey's advice

かかとを上げるのが目的ではなく、骨盤を肋骨に近づけるというイメージで、骨盤を上げましょう

02

胸は正面に向けて骨盤だけを上げる

お腹をへこませたまま、肋骨に向かって近づけるイメージで、骨盤の片側を上げて、01の状態に戻します。

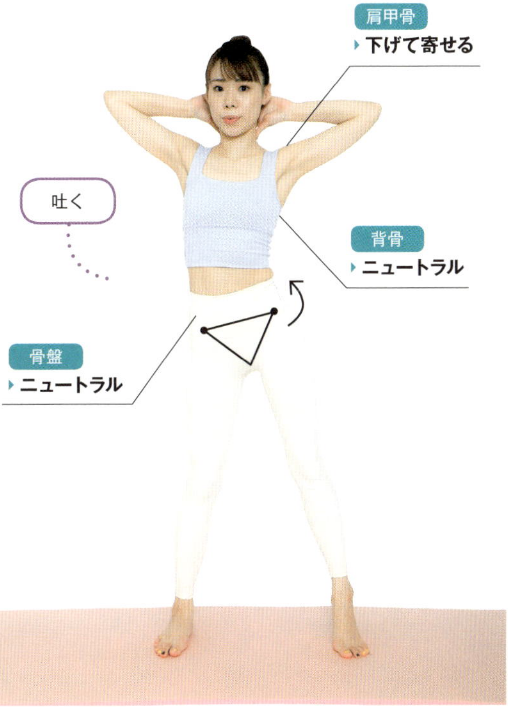

03

息を吐きながら上げる

同様にもう片側の骨盤を上げて、01の状態に戻しましょう。左右交互に行います。

《目標回数》
左右交互10回 ×2セット

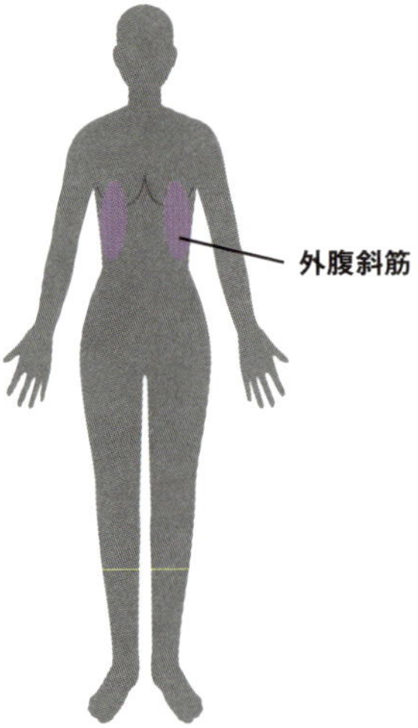

\くびれをつくる/

お腹まわり

を集中トレーニング

5日目×トレーニング④

肋骨の外側を包み込んでいる外腹斜筋を鍛えます。アンダーバストを小さくしてメリハリのあるくびれづくりに効果的です。

こんな症状におすすめ 肋骨をゆるめる

期待できる効果 くびれをつくる、お腹のシェイプアップ、下腹部のシェイプアップ、 体幹強化

01

息を深く吐いてお腹をへこませて立つ

脚を肩幅の1.5倍程度に開き、頭の脇に指先を当て、ヒジを横に張ります。息を吐き、お腹は力を入れてへこませます。

miey's advice

ヒザを高く上げることが目的ではありません。できるだけ骨盤を固定し脇腹を締めるように意識しましょう!

脚を上げすぎると腸腰筋のトレーニングになってしまい、お腹やせの効果が半減します。

脚は上げすぎないように!

02

背骨を丸める

息を吐きながら右ヒザを右ヒジに自然と近づける感じで上げて下ろし、左右交互に10回、2セット行います。

6日目の動画は
コチラ！

＼猫背・巻き肩改善／

背中

を集中トレーニング

6日目×トレーニング①

6日目は、2日目と同じ背中のトレーニングです。僧帽筋の中部と下部、脊柱起立筋を徹底的に鍛えます。最初はキツイかもしれませんが、頑張ってやりとげましょう！

こんな症状におすすめ 猫背、巻き肩

期待できる効果 肩・背中のシェイプアップ、二の腕のシェイプアップ、体幹強化

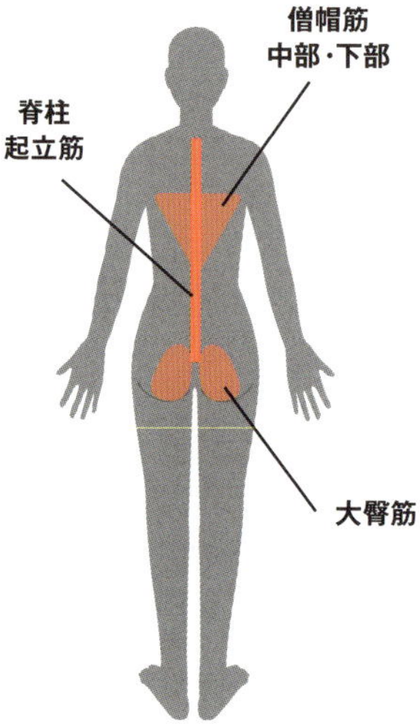

《目標回数》
左右交互10回ずつ

01

頭は浮かせたまま
ヒジで上半身を支える

うつぶせで恥骨を床にしっかりつけ、脚を外旋させお尻の穴を締めて肩幅の1.5倍程度に広げます。ヒジを横に広げて約90度に曲げ、手を床につけてヒジで上半身を支えます。

miey's advice

上半身を反らすときに顎を上げると、背中に力が入らない上に、腰を反りすぎて痛めることも。アゴは引いたまま、肩を下げて寄せたまま肩甲骨を反らしましょう

02 背骨を反らし片手を上げる

息を吸って上半身を反らします。ヒジを曲げたまま、片手を上げて下ろします。左右交互に10回行いましょう。

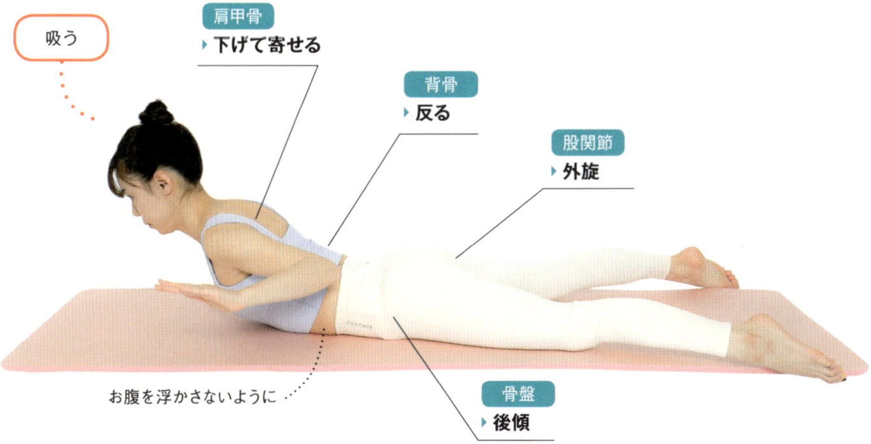

＼猫背・巻き肩改善／

背中

を集中トレーニング

6日目×トレーニング②

①のトレーニングと同様に、このエクササイズも2日目のトレーニングの応用編です。ヒジを浮かせたまま上半身を起こすので、より背中に負荷をかけることができます。

こんな症状におすすめ　猫背、巻き肩

期待できる効果　肩・背中のシェイプアップ、二の腕のシェイプアップ、体幹強化

《目標回数》
10回

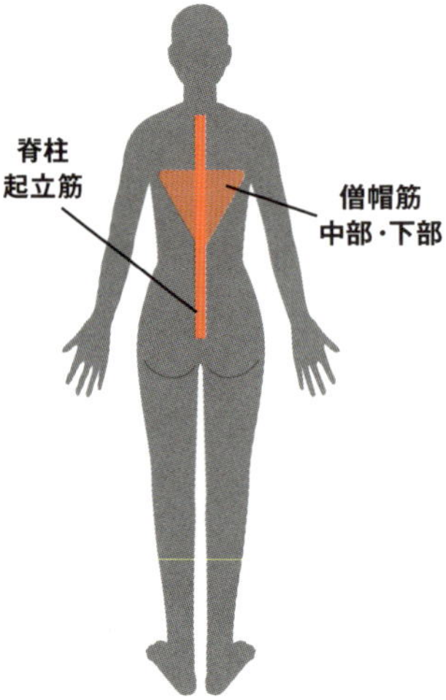

01 ヒジを横に開き肩甲骨を寄せる

うつぶせで恥骨を床にしっかりつけます。脚を外旋させお尻の穴を締めて、肩幅の1.5倍程度に広げます。ヒジを曲げて横に張り、両手を頭の脇に添えます。

○

勢いをつけて上半身を起こそうとしてはダメ

　このエクササイズも、背中の筋肉がきちんと使われていること、肩甲骨をしっかり下げて寄せることを意識してください。上半身は勢いをつけて反らすと腰痛の原因に。背中の筋肉で引っ張り上げるイメージで起こしましょう。

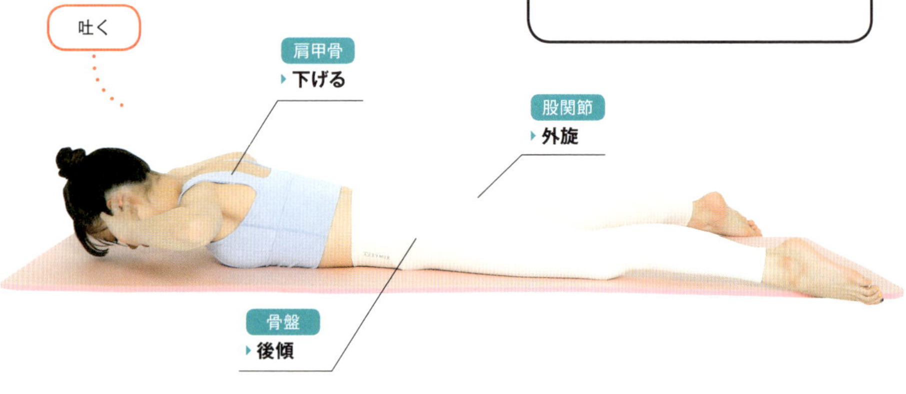

miey's advice

ヒジは真横に張り、そのままキープして上半身を起こしましょう。そうすると、肩甲骨がグッと寄る様子や、背中の筋肉に力がかかっていくのがよくわかると思います

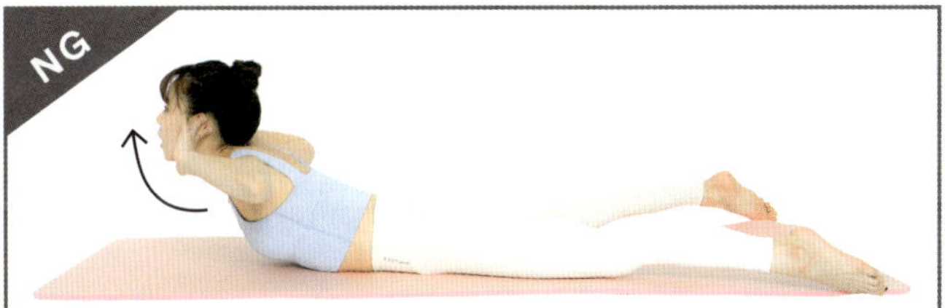

肩やアゴが上げると、背中に力が入らないばかりか、首や腰を痛める原因に！

02 アゴは引いたまま上半身を起こす

息を吸いながら、アゴを引いたまま上半身を天井方向へ持ち上げるイメージで起こします。

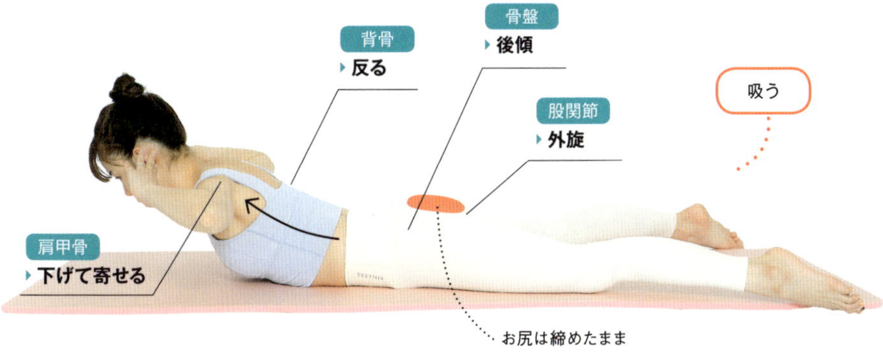

《目標回数》
10回

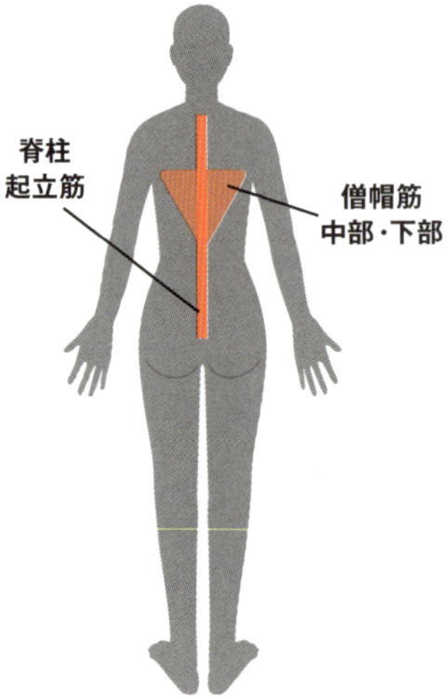

＼猫背・巻き肩改善／

背中

を集中トレーニング

6日目×トレーニング③

背中のトレーニングもいよいよラスト。しっかり鍛えて背中が引き締まると、しなやかなボディラインに。代謝がアップして、食べてもやせやすい体質になるなど、いいことずくめ！

こんな症状におすすめ　猫背、巻き肩

期待できる効果　肩・背中のシェイプアップ、二の腕のシェイプアップ、体幹強化

01

**うつぶせになって
お尻の上へ手を置く**

うつぶせで恥骨を床にしっかりつけ、脚を肩幅の1.5倍程度に広げます。息を吐きながらヒジを伸ばし、お尻の上で軽く両手の指を絡ませておきます。

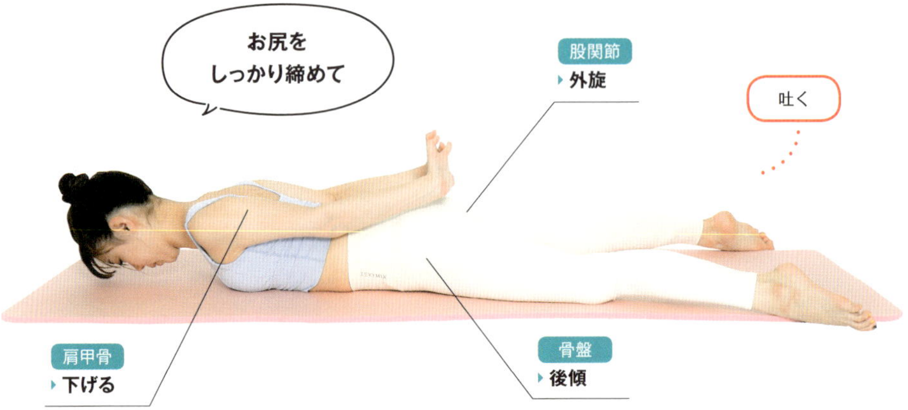

miey's advice

上半身を高く上げようとすると、つい無理をして腰を痛めてしまうこともあるので、『背中の力で上半身を引っ張り上げる』というイメージで起こしましょう

小さな動きで効率よく鍛える!

　このトレーニングも、小さな動きで背中を効率よく鍛えられます。また、背中を縮める動きは胸椎のカーブと逆向きなので、胸椎の可動域が広がって腰や首への負担が軽減し、肩こりや猫背、浅い呼吸などの改善も期待できます。

02 肩甲骨を寄せたまま起き上がる

肩甲骨をしっかり寄せたまま、上半身を起き上がらせます。アゴをしっかり引き、お尻を締めたまままっすぐ起き上がります。

＼全身スタイルアップ／

立ち姿勢

を集中トレーニング

7日目×トレーニング①

1週間プログラムの最終日は、立ち姿勢を美しく、そしてボディラインも整えていくトレーニングを行います。なりたいスタイルを想像しながらトライしてください。

こんな症状におすすめ　骨盤後傾

期待できる効果　ヒップアップ、脚やせ、体幹強化

7日目の動画はコチラ！

《目標回数》
左右各10回
×2セット

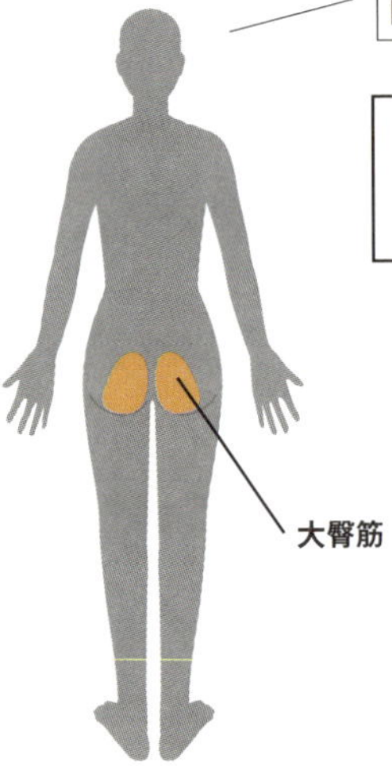

01

椅子などで体を支えまっすぐ立つ

椅子の背もたれなどをつかんで立ち、息を吐きながら左脚を一歩分真後ろに出します。

○

大臀筋を鍛えることで体の土台を固める

美しい立ち姿勢の要となる大臀筋から鍛えます。脚を上げるときは、大臀筋が動いていることを感じましょう。また、脚の開き方や向きによって、力がかかる筋肉が変わってくるので、写真と動画をよくチェックしてください。

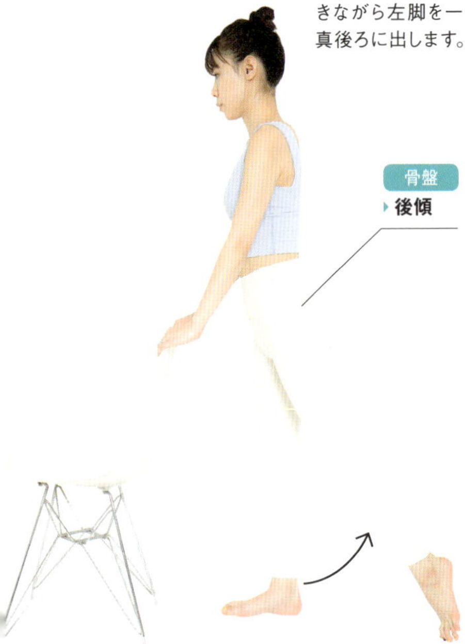

腰が反ってしまうとNG。

miey's advice

このエクササイズは脚を上げるとき、どうしても反り腰になりやすいので、恥骨を前に出し、腰を丸めるイメージでまっすぐ立ち、お尻を締めながら腰をしっかり丸めて行いましょう

02

背中は伸ばしたまま脚をひねり外旋させる

息を吸いながら左脚を外旋し、足の甲を外に向けます。

03

真後ろに脚を蹴り上げる

右手で骨盤を押さえ、前傾していないかどうかを確認しながら、左脚を天井方向に向かってゆっくり上げ、下げて02の状態に戻します。それを10回繰り返し、右脚も同じように10回、それを2セット行います。

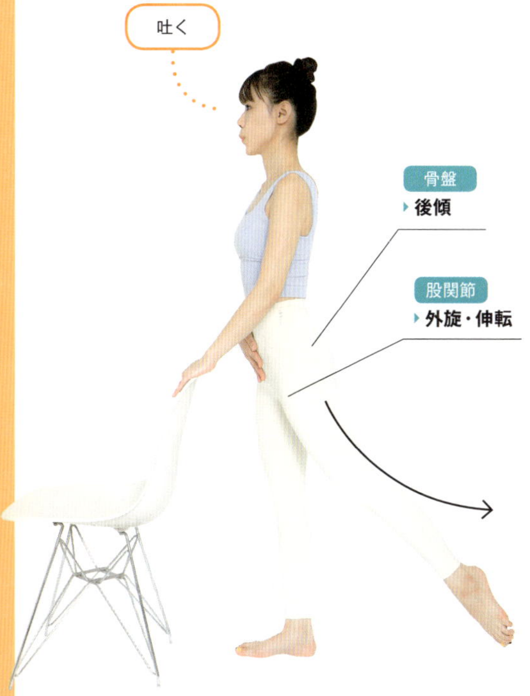

《目標回数》
左右各10回 × 2セット

＼全身スタイルアップ／

立ち姿勢

を集中トレーニング

7日目×トレーニング②

①の大臀筋に続いて、今度はお尻の横・中臀筋を鍛えていきます。

こんな症状におすすめ　骨盤後傾、外もも張り

期待できる効果　ヒップアップ、脚やせ

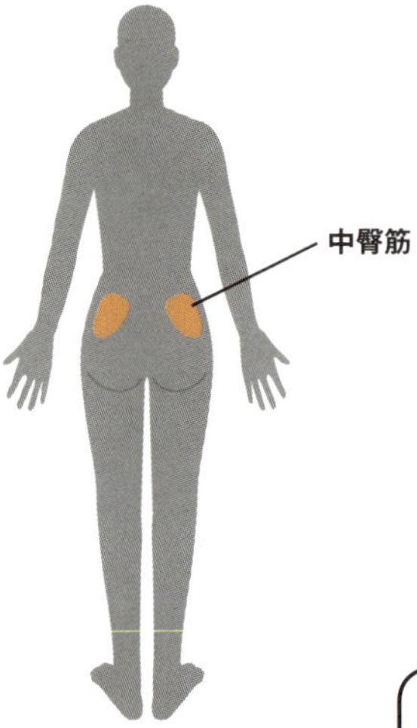

○

脚を上げるときは腰をブロック！

中臀筋は大臀筋の上にあるアウターマッスルで、美しい姿勢を保つために鍛えておきたい筋肉です。このトレーニングも恥骨を前へ出すイメージでまっすぐ立ちお尻を締め、腰を丸めるイメージで脚を上げてください。

01

背すじを伸ばして立ち脚を真横に出し外旋

椅子などで体を支えてまっすぐ立ち、息を吐きながら左脚を真横に出して外旋し、つま先を床につけます。

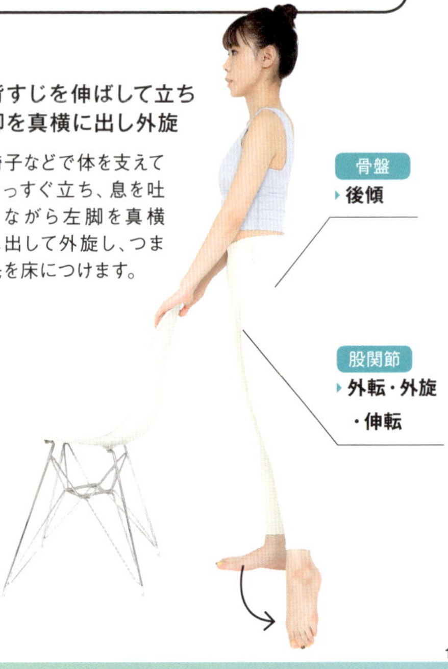

02

背中を伸ばしたまま脚を斜め後ろに引く

つま先を床につけたまま、息を吐きながら左脚を斜め後ろに引きます。

miey's advice

04でヒザ下を上げるときは、股関節からヒザまでをしっかり固定して、ヒザが前に出ないようにするのがポイントです。そうすることで、中臀筋にきちんと力をかけることができます

03

中臀筋の重力を意識し 脚を横に開き上げる

息を吐きながら、左脚をななめ上方向に上げます。中臀筋が動いているのを意識しましょう。

04

ヒザ下を曲げて さらに上げ横に蹴る

左脚のヒザを曲げて、ヒザ下をゆっくりさらに高く上げます。横に蹴って戻し、左右各10回繰り返しましょう。

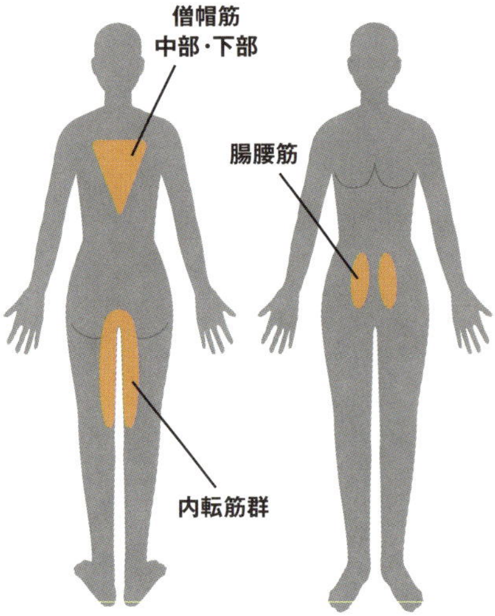

＼ 全身スタイルアップ ／

立ち姿勢

を集中トレーニング

7日目×トレーニング③

1週間プログラムの最後は、ワイドスクワットと呼ばれるエクササイズ。美しい姿勢をキープする土台となる腸腰筋を鍛え、さらに下半身をキュッと引き締めます！

こんな症状におすすめ　O脚、猫背

期待できる効果　内もも引き締め、脚やせ

《目標回数》
10回

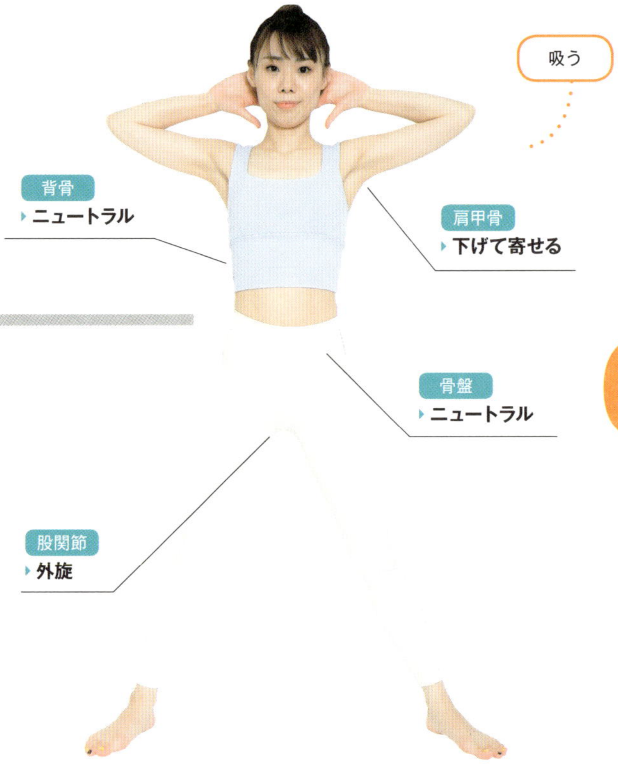

01

両脚は大きく開いて つま先は少し外向きに

両脚を肩幅の2倍程度に開いて、つま先を少し外に向けてまっすぐ立ち、両手は頭の後ろに添えます。

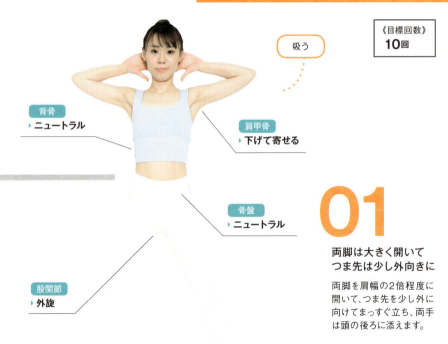

miey's advice

通常のスクワットよりも、お尻や内ももをしっかり鍛えられるのがワイドスクワットです。腰をおろすときに骨盤も上体も少し前傾しますが、深い前傾や猫背にならないようしっかり僧帽筋下部を意識し、胸を張りましょう

NG

猫背はNG。上体は背すじを伸ばし、骨盤をニュートラルに。

正しい姿勢で！

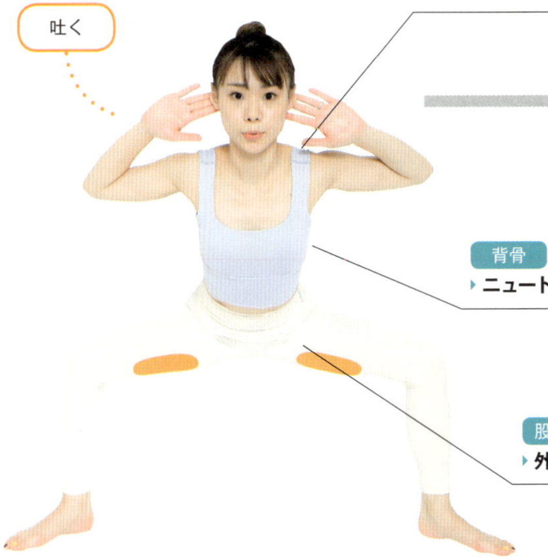

02

骨盤をやや前に傾けゆっくりしゃがむ

ゆっくりしゃがんだら01に戻します。このスクワットを30回行います。ヒザとつま先の向きをしっかりそろえて行いましょう。

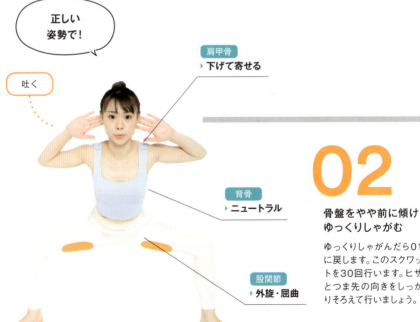

COLUMN
02

mieyの食生活

スリムなボディラインを維持しているmieyさん。そんなmieyさんに、美ボディに効く食生活のこだわりや秘訣を教えてもらいました。実際の食事の写真も公開です！

美ボディのためには、脂肪を消費するホルモンが分泌される空腹の時間をきちんと作ることが大切です。低カロリーの食事でも1日中食べていたら、やせることはできません。なので、食事と食事の間は最低4時間空けています。

食べるものにはそれほどこだわっていませんが、朝と昼はバランスのよい定食スタイルの食事をしっかりと、逆に夜は軽めにしています。あとは血糖値を安定させるために、食前に青汁をよく飲んでいます。

ここ数年は運動量が多く、おやつもお酒もあまり我慢せず体型を維持できています。ただ、おやつを食べたくなるのは栄養不足のサインです。きちんと食事を摂ってから、それでも食べたくなったときだけおやつを食べるようにしています。

朝

普段の朝ごはんは、白米と味噌汁と、野菜のお惣菜などをプラスした定食スタイルが基本。栄養のバランスももちろん大事ですが、朝からしっかり食べるよう意識しています。

昼

昼ごはんも朝ごはん同様、なるべく定食スタイルの食事を摂っています。写真は休日の家での昼ごはんですが、外出先でも定食メニューがある店に入ることが多いですね。

夜

この日は大好きなお酒をたくさん飲みたかったので、夕ごはんをグッと減らしています（笑）。その代わり、朝と昼はしっかり栄養のあるものを食べるようにしています。

Chapter

04

クールダウン

COOL DOWN

トレーニング後は必ずクールダウンを行いましょう。血流が促進され、
こわばった筋肉がゆるみ、しなやかな状態に変わっていきます。
また、深い呼吸で行うことで、リラックス効果も期待できます！

Cool
Down

広背筋を
伸ばす

① 背中伸ばし

トレーニングで負担がかかりやすい広背筋を、伸ばしてほぐすエクササイズです。立ったまま行っても構いません。

こんな症状にもおすすめ　**腰痛、反り腰、背中の張り**

01

上に上げた腕の手首を反対側の手でつかむ

床に座り、右腕をまっすぐ伸ばして耳につけ、手首を左手でつかみます。背中が丸まらないよう注意を。

クールダウンの
動画はコチラ！

《目標回数》
左右各10秒
×2回

できる人は
あぐらで

あぐらをかいた状態だと、さらに脇腹を伸ばすことができます。

02

腕を耳から離さないで斜め前へ引っ張る

手首を斜め左前へ引っ張り10秒キープ。左脇腹はぐっとえぐるようにして、右脇腹を伸ばします。左右を入れ替えて2セット行います。

クールダウンを行わないと体に負担が残ったままに！

　トレーニングの後にクールダウンを行うと筋肉がゆるみ、傷んだ筋組織の修復も早まります。また、筋肉にたまった疲労物質が排出され、疲労も回復します。なお、トレーニングではないので、リラックスした状態で行いましょう。

② お尻伸ばし

お尻全体

お尻の筋肉も、しっかり伸ばして緊張をほぐしましょう。背中が丸まったり、骨盤が傾いたりすると効果が得られません。筋肉が伸びていることをしっかり感じてください。

こんな症状にもおすすめ　**坐骨神経痛、腰痛、股関節が硬い人**

《目標回数》
左右各10秒×2回

01

骨盤が後傾にならないよう注意

脚を肩幅に広げて座り、両手を後ろにつきます。骨盤はしっかり立てた状態にしておきます。

02

脚を反対側の脚にかけお尻をしっかり伸ばす

左脚を右脚にひっかけて、右ヒザを少し外側に逃がし10秒キープ。脚を組み替えて、2セット行います。

③ 腰ほぐし

腰まわり

トレーニングではどうしても腰に負担がかかりやすいので、きちんとクールダウンすることが大切です。このエクササイズを必ず行って、腰まわりの筋肉をゆるめましょう。

こんな症状にもおすすめ　**腰痛、ぽっこりお腹、反り腰、猫背**

《目標回数》**10秒 × 3回**

01

腕を肩幅、脚は腰幅に開いて四つん這いに

手のひらを肩の真下、ヒザを骨盤の真下になるようにして四つん這いになり、手の指は均等に広げます。

02

腰を軽く丸めてじんわり筋肉を伸ばす

息を吐きながら、腰を軽く丸めて10秒キープし、元に戻します。3セット行いましょう。

④ 首ほぐし

首まわり

体の力を抜いて首の重みを感じ、首の後ろ側のインナーマッスルを意識しましょう。インナーマッスルが働くと、アウターマッスルもゆるんで、首まわりが軽くなります。

こんな症状にもおすすめ

ストレートネック、肩・首こり、眼精疲労、呼吸が浅い

《目標回数》**10秒**

01 フィットネスボールやタオルで首を支えて脱力する

仰向けに寝て、首の下にフィットネスボールや、丸めたタオルを入れ、力を抜きます。

02 自然な呼吸のまま頭を軽く揺らす

力を抜いたまま、頭をゆらゆらと左右に揺らして、首のインナーマッスルを働かせ、アウターマッスルをゆるめます。

深い呼吸を心がけて

• EPILOGUE •

このメッセージを読んでいるあなたは、これからトレーニングを始めようとしているところでしょうか？

それとも、３週間のトレーニングを終えた後でしょうか？

トレーニングメニューをコンプリートした方は、お腹が凹み、脚はスラッと理想のスタイルになっているのではないでしょうか。全身の歪みが整った状態なので、代謝もアップし「一生太らない体」になっているはずです。

これから始めるという方は、「今年こそ絶対やせたい！」「もう失敗したくない！」という思いをエネルギーに、３週間、しっかりトレーニングを続けてみてください。最初の１週間で「あれ⁉」と驚く効果が出ているかもしれませんよ。

じつを言うと、自分一人で行うトレーニングは難しいものです。動画や写真の通りにできなかったり、できているつもりでも力のかけ方や体の向きを間違えていたりして、かえって逆効果になることも。

そのため、この本ではできる限りわかりやすくお伝えすることを意識しました。体や動作のクセをしっかり把握し、「この動きがここに効くんだ」と自覚した上で、きちんとトレーニングを続ければ、理想のボディラインはあなたのものです。そうして一人でも多くの方が、笑顔になってもらえるよう願っています。

PROFILE　**miey（ミー）**

骨格矯正ピラティストレーナー。バニトレプロデューサー。「BODYMAKE STUDIO miey」オーナー兼トレーナー。韓国生まれ。第一子を出産後、産後太りを解消しようとダイエットに励み、11kgの減量に成功。しかし体重は減っても、下半身が思うように細くならず、ボディメイクに試行錯誤する中で体づくりに興味が湧き、ピラティストレーナーの資格を取得。その後、解剖学を学び、骨格や筋肉の仕組みに沿ったメソッドを確立。わかりやすい解説がSNSで人気となり、YouTubeチャンネル登録者数31万人超、Instagramのフォロワー数は44万人を超える（2021年6月時点）。現在はスタジオで指導を行うほか、フィットネスウエアの商品開発に携わるなど、幅広く活躍中。著者に『“がんばり筋”をほぐせば、おなかも脚も細くなる！』（学研プラス）がある。

Instagram　**@miey_bodymake**

YouTube　**ブスの美ボディメイク**

装丁	西岡大輔（マーグラ）
本文デザイン	中山喜子
イラスト	カミグチヤヨイ
スチール撮影	米玉利朋子（G.P. FLAG）
ヘアメイク	菅長ふみ（Lila）
動画撮影・編集	瀬川裕生（ゴートフィルム）
取材・執筆協力	秋月美和
編集	佐藤玲美
	田中早紀（宝島社）

骨格リセットで一生太らない体をつくる
ぜったい変わる3週間レシピ

2021年7月6日　第1刷発行

著　者	miey
発行人	蓮見清一
発行所	株式会社宝島社
	〒102-8388　東京都千代田区一番町25番地
	電話：営業　03-3234-4621
	編集　03-3239-0926
	https://tkj.jp
印刷・製本	日経印刷株式会社

Printed in Japan
ISBN 978-4-299-01757-4